Aqui Tem Coisa

Antonio Gonçalves da Silva, o **PATATIVA DO ASSARÉ**, é um dos mais importantes poetas brasileiros. Nascido no Cariri, na Serra de Santana, próximo a Assaré, no Ceará, a 5 de março de 1909, desde menino fazia versos e os apresentava a quem quisesse ouvir. Só em 1956 seus pemas apareceriam em livro, com a edição pela Borsoi, do Rio de Janeiro, do belo *Inspiração nordestina*. O sucesso de grande público, contudo, viria pouco depois, em 1964, com a gravação em disco de "A Triste Partida", poema de poema de Patativa musicado pelo "Rei do Baião", Luiz Gonzaga. Poeta de genuína inspiração popular, Patativa do Assaré tornou-se sinônimo de poesia popular no país, tendo lançado, em sua longa vida de quase um século, uma dezena de livros e discos com seus poemas, além de inúmeros folhetos avulsos de cordel. De sua obra, destacam-se os livros *Inspiração nordestina* (1956), *Cante lá que eu canto cá* (1978), *Ispinho e julô* (1988), *Balceiro* (1991), *Aqui tem coisa* (1994) e *Digo e não peço segredo* (2001); e os discos *Poemas e canções* (1979), *A terra é naturá* (1981) e *Canto nordestino* (1989). Doutor *honoris causa* em diversas universidades, objeto de teses, filmes, peças e outros frutos, a voz da ave canora que lhe deu nome, a patativa, ainda será ouvida por muitos e muitos anos em qualquer canto do Brasil. Patativa morreu aos 93 anos, em sua casa, em Assaré.

PATATIVA DO ASSARÉ

Aqui tem coisa

hedra
educação

São Paulo 2012

Direitos desta edição Hedra, 2012

Capa

Casa Rex

Projeto gráfico

Hedra

Produção gráfica

Dreampix Comunicação

Revisão

Hedra

Dados Internacionais de Catalogação na Publicação (CIP)
(Câmara Brasileira do Livro, SP, Brasil)

Patativa do Assaré, 1909-2002.
Aqui tem coisa. / Patativa do Assaré. – São Paulo: Hedra, 2012. 224 pp.

ISBN 978-85-65206-11-2

1. Literatura de cordel – Brasil. 2. Patativa do Assaré, 1909-2002. I. Título.

04-1944   CDD 398.20981

Índices para catálogo sistemático:
1. Brasil: Literatura de Cordel: Folclore 398.20981

Todos os direitos desta edição reservados à

HEDRA EDUCAÇÃO LTDA.

Rua Fradique Coutinho, 1139

05416-011 São Paulo SP Brasil

+55 11 3031 6879

Índice

Aqui tem coisa 9

Menino de rua 10

Bom dia 93 12

Um sábia vaidoso 14

Melo e meladeira 16

Aposentadoria do mané do riachão 18

A mãe e a filha 22

Meu avô tinha razão e a justiça tá errada 29

Suzana bela 36

Ladrão de roça 37

A estrada da minha vida 38

Reforma agrara é assim 42

Mulher valente 46

Presente dizagradave 48

Ao artista Zenon Barreto 52

Mote Glosas 55

O nordestino em São Paulo 57

Lero lero 58

Patativa do Assaré no teatro José de Alencar fazendo
uma referência sobre o imortal folclorista
Leonardo Mota 59

Quem é esta mulher? 65

Felicidade 67

Sou nordestino 69

Encontro de Patativa do Assaré com a alma de
Zé Limeira o poeta do absurdo 71

Minhas filhas 80

Como deixei de fumar 81

Homenagem ao escritor padre Antonio Vieira
nos seus setenta anos 83

Dois quadros 88

ABC do nordeste flagelado 90

Minha impressão sobre o trem de ferro 98

Amor materno 100

Ingratidão 102

A seca 103

O frangão da Meirislene 104

A revolta do passamento 110

Carta a Papai Noel 111

Mané besta 113

Zé Jacó 120

A negra Mariana 121

O bode de Miguel Boato e o efeito da maconha 122

Lição do pinto 127

Bertulino e Zé Tingó 129

Pergunta de moradô 136

Resposta do patrão 138

Cada um no seu lugar 141

A terra é naturá 143

Ao artista Rolando Boldrim 148

Ilustrismo senhô doutô 150

Biografia de Sansão 156

Meu premêro amor 160

O caçadô 173

Comí piqui e sonhei 179

Inlustrismo sr. Elóia Tele 184

Lições de um cego **187**
Pergunta de um analfabeto **193**
Pitú na segunda vida dos cachorros **197**
Versos espalhafatosos **202**
Minha vingança **205**
Perfume de gambá **209**
Justiça de Zé Caçadô **215**
Ao meu afilhado Cainã **226**

Aqui tem coisa

Leitor foi para você
Que este livro eu escreví,
Leia o mesmo e você ver
As Coisas que tem aqui
Não é história engraçada,
Bonita e fantaziada
Que sai na televisão,
É coisa bem diferente
Que fala de nossa gente
Da Cidade e do Sertão

Com muita simplicidade
Nesta linguagem singela
A pura realidade
Aqui Tem Coisa revela,
Fala sobre o sofrimento,
Do grande padecimento
Da pobre Classe Operária
E do agregado sem nome
Que vive sofrendo fome
Pedindo Reforma Agrária

Não vou mencionar tudo,
Simples referência fiz
O resto do conteúdo
Aqui Tem Coisa lhe diz,
Coisa do campo e da praça
Tem coisa que causa graça
E outra que causa pavor;
Na minha mente inda vive
Grande peleja que tive
Com a alma de um cantador.

Menino de Rua

Menino de Rua, garoto indigente,
Infanto carente,
Não sabe onde vai   .
Menino de Rua, assim maltrapilho
De quem tu és filho
Onde anda o teu pai?

Tu vagas incerto não achas abrigo
Exposto ao perigo
De um drama de horror
É sobre a sargeta que dormes teu sono,
No grande abandono
Não tens protetor

Meu Deus! que tristeza! que vida esta tua
Menino de Rua,
Tu andas em vão
Ninguém te conhece, nem sabe o teu nome
Com frio e com fome
Sem roupa e sem pão

Ao léo do desprezo dormes ao relento
O teu sofrimento
Não posso julgar,
Ninguém te auxilia, ninguém te consola,
Cadê tua escola,
Teus pais e teu lar

Seguindo constante teu duro caminho
Tu vives sozinho
Não és de ninguém
As vezes pensando na vida que levas
Te ocultas nas trevas
Com medo de alguém

Assim continuas de noite e de dia
Não tens alegria
Não cantas nem ri
No cáus de incerteza que o seu mundo encerra
Os grandes da terra
Não zelam por ti

Teus olhos demonstram a dor, a tristeza,
Miséria, pobreza
E cruéis privações
E enquanto estas dores tu vives penando,
Vão ricos roubando
Milhões e milhões

Garoto eu desejo que invez deste inferno
Tu tenhas caderno
Também professor
Menino de Rua de ti não me esqueço
E aqui te ofereço
Meu canto de dor

BOM DIA 93

São dez de janeiro agora,
bom dia Noventa e três,
para que tanta demora
contra o povo camponês?
cadê seu gesto fraterno
prometendo um bom inverno
com boa safra depois?
ninguém pode aguentar mais
aquelas crises fatais
do ano Noventa e dois

Você, que este ano passa
com um signo em cada mês,
peço por Deus que não faça
o que Noventa e dois fez,
nos negando um bom inverno
transformando em um inferno
nosso querido Sertão,
situação triste e séria
a pobreza na miséria
e os ricos na confusão

Noventa e dois foi um ano
de consequência e de azar,
quem não entrou pelo cano,
andou bem perto de entrar
e o Diabo que é falso e feio
também entrou pelo meio
e tudo dismantelou,
causou trama em tanta gente
que até mesmo o Presidente
do Brasil renunciou

Foi um ato escandalozo
a catástrofe medonha,
além do tráfico horrorozo
de cocaina e maconha,
Noventa e dois foi tão crítico
que o mais honesto político
Guimarães, nossa bandeira
sumiu nas águas do mar
para nunca mais voltar
e não ver tanta sujeira

Cuidado, Noventa e três,
desde o campo até a praça
o que Noventa e dois fez
não quero que você faça,
quero harmonia e progresso
que com um novo processo
tire o Brasil do tijuco
seguindo linhas legais
e o povo que não vote mais
em Candidato maluco

Quero homem justiceiro
de uma honestidade rara
e que cada brasileiro
tenha vergonha na cara,
quero uma estação amiga
que o milho dê boa espiga
e a bananeira bom cacho,
finalmente eu quero um clima
que ajude ao Brasil de cima
e ajude ao Brasil de baixo
já disse e digo outra vez
Cuidado, Noventa e três!

Um sábia vaidoso
(*Aos artistas vaidosos*)

Um Sabiá vaidoso do seu canto
se julgava um maestro quase santo
e de todas as aves a primeira,
na linda copa de uma laranjeira

o Seu canto repleto de doçura
dispertava saudade, amor, ternura,
de orgulhoso e vaidoso ele pensava
que o mundo inteiro a ele se curvava,
com a força vibrante de harmonia
novas notas criou naquele dia

Um simples passarinho, uma avezinha
que nem se quer no mundo um nome tinha,
por direito que assiste ao passarinho
naquela copa fez também seu ninho

E modesto com muita singeleza
obdecendo a sábia natureza
muito contente o seu biquinho abriu:
piu, piu, piu, piu, piu
piu, piu, piu, piu, piu
piu, piu, piu, piu, piu
piu, piu, piu, piu, piu

o sabiá se achando enfurecido
para ele falou: seu atrevido,
com este canto que soltaste agora
tu desvertuas minha voz sonora,
eu não quero te ouvir perto de mim
quem te ensinou cantar tão feio assim?

Do passarinho pobre de harmonia
mas muito rico de filosofia
logo a resposta o sabiá ouviu:
-este meu canto piu, piu piu piu
que o destino fiel me permitiu
para ninar os filhotinhos meu,
Seu Sabiá quem me ensinou, foi Deus!

AQUI TEM COISA

MELO E MELADEIRA

Quando ele entrou no puder,
Seu eleitor animado
Disse: agora vamos ver
O Brasil bem governado,
Porém saiu ao contrário,
Depressa o nosso operário
Deixou de fazer a feira,
Viu aumentar seu flagelo
Este Presidente Mello
Fez a maior meladeira

Prometeu publicamente
De acabar com os Marajás,
Porem desfarcadamente
Se aliou as cataratas,
Ele e seu PC Farias
As nossas economias
Socaram na ratoeira,
Prezos pelo mesmo elo
Este Presidente Mello
Fez a Maior Meladeira

Em vez de paz e sucego
tudo calmoe tudo azul,
Reina a fome e desemprego
Do nosso Nordeste ao Sul,
Há muita gente dizendo
Que o Brasil está sofrendo
De vela na cabeceira
Entre a safra e o martelo
Este Presidente Mello
Fez a maior Meladeira

Deixou com a sua manha
O Brasil na Anarquia,
Não sei como não se acanha
Falar de Democracia,
De sagaz, manhozo e astuto
Ele transformou em **luto**
Nossa bonita Bandeira,
Derrubou nosso castelo,
Este Presidente Mello
Fez a maior Meladeira

Grita a Classe revoltada
De avenida em avenida,
Vendo a Pátria transformada
Em panela mal mexida,
Minha Santa Aparecida,
Sem pecado concedida,
Do Brasil a Padroeira,
Ao vosso poder apelo
Este Presidente Mello
Fez a maior Meladeira.

Aposentadoria do Mané do Riachão

Seu moço, fique ciente
de tudo que eu vou contar,
sou um pobre pinitente
nasci no dia do azá,
por capricho eu vim ao mundo
perto de um riacho fundo
no mais feio grutião
e como alí fui nascido,
fiquei sendo conhecido
por Mané do Riachão

Passei a vida penando
no mais crué padicê,
como tratô trabaiando
pro filizardo comê,
a minha sorte é trucida,
pra miorá minha vida
já rezei e fiz promessa,
mas isto tudo é tolice,
uma cigana me disse
que eu nasci foi de trevessa

Sofrendo grande cancêra
virei bola de biá
trabaiando na carrêra
daquí, pra ali e pra aculá,
fui um eterno criado
sempre fazendo mandado
ajudando aos home rico,
eu andei de grau em grau
taliquá o pica pau
caçando broca em angico

Sempre entrando pelo cano
e sem podê trabaiá,
com secenta e sete ano
precurei me apusentá,
fui batê lá no iscritoro
depois eu fui no cartoro,
porém de nada valeu,
veja o que foi, cidadão,
que aquele tabelião
achou de falá pra eu

Me disse aquele iscrivão
frangindo o côro da testa:
— seu Mané do Riachão,
este seus papé não presta,
isto aqui não vale nada,
quem fez esta papelada
era um cara vagabundo,
pra fazê seu apusento
tem que trazê documento
lá do começo do mundo

E me disse que só dava
pra fazê meu apusento
com coisa que eu só achava
no Antigo Testamento,
eu que tava prazentêro
mode recebê dinhêro,
me disse aquele iscrivão
que precizava dos nome
e também dos subrinome
de E va e seu marido Adão

AQUI TEM COISA

E além da indentidade
de Eva e seu marido Adão
nome da niversidade
onde estudou Salomão
com outras coisa custoza,
bem custoza e cabuloza
que neste mundo revela
a Escritura Sagrada,
quatro dente da quêxada
que Sanssão brigou com ela

Com manobra e mais manobra
pra puder me aposentá,
levá o nome da cobra
que mandou Eva pecá
e além de tanto fuxico,
o rigistro e o currico
de Nabuco Donozô,
dizê onde ele morreu,
onde foi que ele nasceu
e aonde se batizo

Veja moço, que novela,
veja que grande caipora
e a pió de todas ela
o sinhô vai vê agora,
para que eu me apusentasse,
disse que também levasse
terra de cada cratéra
dos vulcão dos istrangeiro
e o nome do vaquêro
que amançou a Besta Fera

Iscutei achando ruim
com a paciênça fraca
e ele oiando pra mim
com os óio de jararaca
disse: a coisa aqui é braba
preciza que você saba
que eu aqui sou o iscrivão,
ou estas coisa apresenta,
ou você não se apusenta,
Seu Mané do Riachão

Veja moço, o grande horrô
sei que vou morrê di pressa,
bem que a cigana falou
que eu nasci foi de trevessa,
cheio de necessidade
vou vivê da caridade,
uma ismola cidadão!
lhe peço no Santo nome,
não dêxe morrê de fome
o Mané do Riachão.

A MÃE E A FILHA

Ô mamãe, o povo pobre
da rua e também do mato
agora pode arranjar
uns trocinho mais barato,
quando a gente liga o raido
só se fala em candidato

Anda animado
Dotô Gordão
que na inleição
foi derrotado,
deste tratado
ele é devoto,
reparo e noto
aquele sapo
batendo papo
pedindo voto

Ele na outra inleição
quage que perde a cilôra
e nesta vai me pagar
o que eu perdí na lavôra,
ele agora vai sabê
quanto custa uma inleitôra

Vou por capricho
Segunda Feira
na cumiêra
daquele bicho,
faço um cuchicho
particulá
que vou votá
no candidato,
roupa e sapato
tem que me dá

Eu vou lhe cobrar fazenda
bem bôa e fantaziada,
que dê roupa bem comprida
nem curta nem decotada,
que as coisa que Deus me deu
quero todas bem guardada

Fiz meu estudo
sei que me arranjo
com o marmanjo
que ele é baludo,
me dá de tudo
pra eu votá,
tem que pagá
dentro da linha,
que as roupa minha
quer se acabá

Eu vejo que até agora
só tenho votado em vão,
sem chegá benfeitoria
aqui no nosso sertão,
agora eu vou aprendê
a mexê com inleição

Ví seu Mané Chico
um pobre sujeito
mas depois de inleito
ficou munto rico
e eu com isto fico
tendo mais coidado,
um bom risurtado
agora me dão
o Doutor Gordão
e o Bode Melado

Mamãe, a senhora bote
bem curto naquele loro
que veve alegre sirrindo
como quem caça namoro,
tão magro que é parecido
com vara de ispichá coro

O tal gaiato
todo inchirido
tem seu partido
e é candidato,
cobre sapato,
dinhêro e veste
daquele peste,
que esta cambada
nunca fez nada
pelo Nordeste

Tereza, eu já fiz meu prano,
não precizo de lição,
vou cobrar dele até mio,
farinha, arrois e fejão,
a nossa roça perdida
quem paga é a inleição

Voto é sagrado,
vale um tisôro
e aquele loro
bode melado
tá inganado
comigo agora
e é sem demora,
não lhe dou prazo
nem quero atrazo,
paga na hora

O Nosso voto é quem bota
os candidato pra frente,
Tereza, você magine
que com o voto da gente
tem sujeiro neste mundo
que vira até prisidente

Nosso Brasí
tão invejado
dismantelado
vai por aí
e nós aqui
sacrificado,
o fragelado
quage não come
sofrendo fome
desempregado

A nossa situação
é triste bastante triste
com corage e fé em Deus
é que a gente inda resiste
mas os mandam do podê
nem sabe se a gente ixiste

Muito desanima
pensá na grandeza,
na grande riqueza
do Brasí de Cima,
todos lá no crima
do mió relacho,
nos seus cambalacho
sirrindo contente
sem oiá pra gente
do Brasi de Baxo

Tereza, o valô do voto
manda uma nação intêra,
por isto eu não me conformo
vivendo desta manêra,
taram pensando que voto
é bolo de fim de fêra?

Por isto agora
só vou votá
se eu arranjá
grande miora
e é sem demora,
ante do preito,
seja prefeito,
veriadô
ou senadô
é do mesmo jeito

AQUI TEM COISA

Esses home quando vem
falando de seus partido,
Chama a gente de comadre
todo contente e inchirido
por causa desta bestêra
eu sempre votei perdido

Mas agora eu boto
pedra no sapato
destes candidato
que me pede voto,
os nome eu anoto
destes inrrolam
e nesta inleição
tão munto inganado
o bode melado
e o Doutor Gordão

Tereza, deu onze hora,
nosso papo foi ixato,
agora a gente preciza
drumí um sono pacato
e amenhã cedo nós vamo
atrás dos dois candidato.

MEU AVÔ TINHA RAZÃO E A JUSTIÇA TÁ ERRADA

Do campo até à cidade
Atrapaiando a verdade
Sempre existe uma caipora,
Vou falá pro o mundo intero
Como eu era de premêro
E como tô sendo agora

De alegria todo cheio
Uvindo os belos conseio
Do Finado meu avô,
Eu satisfeito vivia,
Neste tempo eu não mintia
Nem mede fazê favo

Meu avô munto correto
Dizia: querido neto
Use da sinceridade,
Iscute bem o que eu digo
Nunca merece castigo
Quem sempre diz a verdade

Vive bem acompanhado
E também é respeitado
Quem sempre a verdade diz,
A mentira é traçoêra
E a verdade é companhêra
Que faz a gente feliz

Com a minha inteligênça,
Estas lição de sabença
Que o meu avô ensinava,
Eu satisfeito aprendia
E tudo quanto eu dizia
O povo me acreditava

Mas por pintura do diabo,
O coroné Mané Brabo
Começou uma questão
E tumou no pé da Serra
Trinta tarefa de terra
Do Francisco Damião

Damião tinha dereito
Mas porém não houve jeito,
Perdeu para o Fazendêro,
A gente logo discobre
Que o Damião era pobre
E o Brabo tinha dinhêro

Em uma certa bodega
Onde o pessoá chumbrega
Cada quá sua bicada,
Começaro a conversá
Em quem gosta de enricá
Por meio de trapaiada

Eu nada tinha bibido
Mas como tinha aprendido
As lição do meu avô,
Disse com muito razão:
A terra do Damião
Seu Mané Brabo tumou

Dois fio do coroné
Gritaro logo: o que é?
Que você falou aí?
E eu que prezava a verdade
Com munta sinceridade
Minha histora ripití

Mas bem não abrí a boca,
Os dois com a fura loca
Me derrubara no chão
E com a força do braço
Batia em meu ispinhaço
Como quem bate fejão.

Os dois safado fizero
Comigo o que bem quizero
E ali ninguém se importou,
Era os peste me surrando
E eu chorando e me lembrando
Das lição do meu avô

Fiquei de corpo banido
Mas vendo que era perdido
Não dei nem parte a puliça,
Tratei de me ritirá,
Fui para outro lugá
E nunca mais dei nutiça

Invergonhado daquilo,
Precurei vivê tranqüilo
Em uma terra afastada,
Dizendo com meus butão:
Meu avô tinha razão
E a Justiça tá errada

Fui morá na Lagoinha
Uma cidade onde tinha
Uma moça bem bonita,
Era um anjo tão prefeito
Que se eu for dizê dereito
Bem pôca gente acredita

Parecia tá presente
Um anjo em forma de gente,
Filisberta era o seu nome,
Quem conhece considera
Que aquela garota era
O para raio dos home

Eu vendo a linda donzela
Disse bem pertinho dela:
Filisberta tu é jóia
E a moça ficou me oiando
Me oiando e também inchando
Que nem a cobra jibóia

E me gritou: atrivido,
Seu sem vergonha inchirido,
Dobre a língua má criado
E na mesma ocazião
Me dizendo uns palavrão
Foi dá parte ao delegado

Fiquei pensando e dizendo
Nada a ela tô devendo
Não tenho medo, nem corro,
Mas veja o que aconteceu,
A poliça me prendeu
E apanhei que nem cachorro

Por ordem da Filisberta
Me fizero triste oferta
Lá no quarto da prizão
Que eu fiquei cheio de imbombom,
Era chicote no lombo
E palmatora na mão

Quando dero sortura
Saí da pnzão iscura
Com uma raiva danada
Dizendo com meus botão:
Meu avô tinha razão
E a justiça tá errada

Pensando na Filisberta,
Lembrei de uma coisa certa
E fiz a comparação
Do prédio de um potentado
Por fora, fantaziado
E por dentro a isploração

Detráz daquela beleza
Tinha um mundo de impureza,
Conheci que estava lá
Por dentro daquele imbruio
A vaidade, o orguio
E o veneno da corá

Só pruque disse a verdade
Me sacudiro na grade
E apanhei de fazê dó,
Com esta sorte misquinha
Eu saí da Lagoinha
Fui batê no Ciridó

Porém sempre onde eu chegava
E arguma coisa falava
Defendendo o injustiçado
Depressa o côro caia,
Com aquilo eu já vivia
Infezado e incabulado

Divido tanto castigo,
Um dia eu disse comigo:
Eu já apanhei com sobra,
Não vou mais dizê verdade
Neste mundo de mardade
A mentira é quem manobra

Se a verdade é desprezada
E a mentira é apoiada
Mudei o meu pensamento
Tudo meu é sem assunto
Vejo um cavalo e pergunto:
De quem é este jumento?

Fiquei munto revortozo
Revortozo e disgostozo
Com o que me aconteceu
E hoje eu sou um vagabundo
E não existe no mundo
Quem minta mais do que eu

Dos peixe que anda no mato,
Os mió é peba e gato,
As lição do meu avô
Não tô mais obedecendo,
Por onde eu ando é dizendo
Que a inflação se acabou

Derme o campo até à praça
Gasulina tá de graça
E já conheci também
Que o pessoá operaro
Tá tudo milionaro
Gozando e comendo bem

Nunca houve um arsatante
Nas terra dos bandêrante
Nem no Ri de Janêro,
E também já discubrí
Que o nosso grande Brasí
Nada deve ao Istrangêro

Nunca houve um Brasilêro
Que para ranjá dinhêro
Fizesse corupção,
A noite é o mesmo dia
E o Palo Ceza Faria
Nunca rôbou um tustão

Respeitando um grande amigo
Só uma verdade eu digo
Esta verdade sagrada
Que tá no meu coração,
Meu Avô Tinha Razão
E a Justiça tá errada.

SUZANA BELA

Suzana bela sertaneja linda
passou a vida a padecer por mim,
quando me via, com loucura infinda,
alto gritava me dizendo assim:

— Eu morrerei se não casar contigo
eis o meu sonho que Jesus me deu,
terás em mim um coração amigo,
não queiras outra teu amor sou eu

Quando água mole em pedra dura bate
é como fraco sem temer perigo
sempre batendo a pedra dura abate,
desta maneira aconteceu comigo

Hoje nós somos um casal ditozo,
pois resolvi a me casar com ela,
para que eu fosse o mais feliz esposo,
ouvi os gritos de Suzana Bela.

LADRÃO DE ROÇA

Eu botei minha roça na chapada
plantei milho, feijão e melancia,
mas com roça não há quem faça nada
no lugar onde mora Zé Maria

Neste mundo nasceu este espantalho
que pertence também aos racionais
mas não quis aprender um só trabalho,
o que sabe é roubar e nada mais

Ele foi lá na roça da chapada
meia noite, pois nunca anda de dia
e voltando ao romper da madrugada
trouxe milho, feijão e melancia

No seu rancho fiquei muito surprezo,
ví feijão, melancia e vi pamonha
e eu gritei: Zé Maria, esteja prezo!
seu malandro, safado, sem vergonha.

A ESTRADA DA MINHA VIDA

Trilhei na infância querida
composta de mil primores
a Estrada de Minha Vida
ornamentada de flores,
e que linda estrada aquela!
sempre havia ao lado dela
encanto, paz e beleza,
desde a terra ao grande espaço
em tudo eu notava um traço
do Pincel da Natureza

Viagei de passo lento
pizando rosas e relvas
ouvindo a cada momento
gemer o vento nas selvas,
colibrís e borboletas
dos ramos das violetas
vinham render-me homenagem
e do cajueiro frondozo
o sabiá sonorozo
saudava a minha passagem

O sol quando dispontava
convertendo a terra em ouro
em seus raios eu notava
o mais sublime tesouro,
e de noite a lua bela
era qual linda donzela
de uma beleza sem fim
a sua luz prateada
tinha a cor imaculada
das veste de um querubim

Se a noite escura chegava
envolvida em seus negrores
uma Santa me embalava
cantando trovas de amores
e quando raiava o dia
que do bercinho eu descia
chegava aos ouvidos meus
pelas brizas matutinas
o som das harpas divinas
dos Santos anjos de Deus

E eu seguia o meu caminho
sempre alegre e sorridente
balbuciando baixinho
minha canção de inocente
e enquanto sem embaraço
eu transpunha passo a passo
os tapetes da Campina
no centro da ispêssa mata
as águas de uma cascata
cantava ao pé da colina

Nesta viagem de amor
nada me causava tédio,
tudo vinha em meu favor
pelo divino intermédio
mas a torpe sedução
qual fera na escuridão
manhoza, sagaz e astuta
atirou sem piedade
sua seta de maldade
contra a minha alma impoluta

AQUI TEM COISA

Desde este dia maldito
tudo tornou-se contrário,
foi se tornando esquizito
meu luzente itinerário,
segui pela minha estrada
como a folha arrebatada
na correntêza do rio,
entre a grande Natureza
tudo quanto era beleza
apresentou-se sombrio

O Sabiá não cantava
entre bosques e colinas
nem pela briza chegava
o som da harpas divinas,
só me ficou na memória
aquelas estrada de glória
onde andei calmo e feliz,
lá onde deixei guardados
entre as rozeiras dos prados
meus brinquedos infantis

Qual o perigrino sem fé
atráz de um santo socorro
um dia cheguei ao pé
do mais altaneiro môrro
e subi pelos escombros
levando sobre meus ombros
um fardo de paciência,
depois de grande obstáculo
galguei o alto pináculo
do monte da decadência

Na mais horrivel peleja
vivo hoje em cima do cume
onde a briza não bafêja
e as flores não tem perfume,
a vagar triste sozinho
sem conforto e sem carinho
na solidão deste monte,
não ouço o canto das aves
nem o sussurro suave
das lindas águas da fonte

No dezerto desta crista
ninguém consola meus ais,
fugiram da minha vista
as belezas naturais,
a luz do sol é tão baça
e a lua pelo céu passa
desmaiada e já sem cor
e as lanternas das estrelas
procuro e não posso vê-las
é triste o meu dissabor

E aqui o que mais me pasma
me faz tremer e chorar
é ver um negro fantasma
com as mãos a me acenar,
sempre sempre me rodeia
e com voz horrenda e feia
de quando em quando murmura
baixinho nos meus ouvidos
para dercer-mos unidos
os degraus da seputura.

Reforma agrara é assim

Cabôco Mané Lorenço,
meu colega e meu amigo
que pensa aquilo que eu penso
e diz aquilo que eu digo,
nós samo da mesma laia
dos coitado que trabaia
ou na diara ou de meia,
nós pertence a mesma crasse
destas criança que nasce
Inrriba da terra aléia

Amigo, o que você pensa,
onde a gente vai chegá
com esta grande sentença
sem terra para trabaiá?
quem presta atenção descobre
que o sacrificio do pobre
é de arrupiá cabelo,
derne o campo até a praça
quanto mais dia se passa
mais omenta o dismantêlo

Tá tudo correndo istreito
quando um geme o outro chora,
é precizo havê um jeito
pra vê se a coisa miora,
nós matuto brasilêro
vivemo no cativêro,
as terra desta nação
pra todo lado se espande
dominada pelos grande
e os pobre na sujeição

Era só o que fartava,
Deus fez a terra pra gente
prantá fejão, mio e fava,
arroz e toda semente,
e estes latifundiaro
egolsta e uzuraro
sem que nem praque se apossa,
e nós neste catlvêro
sendo agregara e rendero
da mesma terra que é nossa

Nimguém vê nimguém repara
nosso grande padicê
por isto a Reforma Agrara
nós mesmo vamo fazê,
nós todos juntos, os sem terra,
por vale sertão e serra
promovendo uma campanha
abalando toda gente,
ficando assim iguamente
furmiga quando se acanha

E voce, Mané Lorenço,
que tem a voz forte e grossa
e pensa aquilo que eu penso
vai gritando: a terra é nossa!
Leste, Oeste, Sul e Norte,
uvindo este grito forte
com corage se prapara
e assim com esta união
sem precizá de lição
nós faz a Reforma Agrara

Vamo lutá com respeito,
com Jesus do nosso lado,
lutá por nosso dereito
foi sempre um devê sagrado
nesta terra que Deus fez
desta vez os camponês
faz a maió frivioca
por sertão serra e caatinga
talequá as pichilinga
que dá nas galinha choca

E se os poderozo ingrato,
impiedozo e incremente,
mandá força para o mato
prumode atirá na gente,
nimguém vai temer a guerra
vamo é defendê a terra,
quem preciza é quem se estira
e fome não é brinquedo,
vai corrê gente com medo
como rato em macambira

Sem Terra medo não tenho,
pobre corage possui,
quando a força matá cem,
vem mil e substitui,
sei que vai ser triste a cena
é mesmo de fazê pena,
morre cem de quando em quando
e mil fica rezistindo,
os morto pru céu subindo
e os vivo em baixo lutando

Prucausa de nós sofrê
iguá o boi na mamjarra,
samo obrigado a fazê
Reforma Agrara na marra,
pra neto, pra fio e pai
a Reforma agora sai,
que achem bom ou que achem ruim,
seja na guerra ou na paz,
Seu Dotô a gente faz
Reforma Agrara é assim

MULHER VALENTE

Era um caçaco que pegava pinto,
passava noite remechendo a casa,
o galinheiro já se achava tinto
com a sujeira deste espalha braza

Belinha vendo nossa casa imunda,
aborrecida me falou assim:
– com baladeira com bodoque ou funda
deste caçaco quero ver o fim

Eu respondi-lhe: já nascí poeta
a natureza preso e quero bem,
muito sensivel sigo a minha meta
e este bichinho quer viver também

Cada um preza sua própria vida,
nem que me chame de mofino e fraco
e até me negue de fazer comida,
não matarei este feliz caçaco

Disse ela: basta de escutar piléria
ele hoje paga o que me está devendo,
e se mostrando resolvida e séria,
como quem zomba me fitou dizendo:

Você, meu velho, só conhece rima,
sem piedade veja como eu faço;
batendo um cabo de vassoura em cima
do animalzinho só ficou o bagaço

Eu quero apenas o cachorro e o gato,
muitos pintinhos e perus perdi,
este malandro só pertence ao mato,
não é doméstico pra viver aqui

Você não ver a minha lida infinda,
o sacrifício da tarefa minha,
não observa nem conhece ainda
o quanto custa se criar galinha.

Presente Dizagradave

Ô mamãe o Julião
que lá no São Paulo mora
que é seu fio e meu irmão,
tendo certeza que agora
também já chegou aqui
na Fazenda Cangatí
a inergia rurá,
manda esta coisa pra gente,
o que sai deste presente
pra mim não vale um juá

Era mió meu irmão
mandá dinhêro pra gente
do que a televisão
que só sai coisa indecente,
toda vez que eu ligo ela
no chafurdo das novela
vejo logo os papé feio,
vejo maió funaré
com as briga da muié
querendo os marido aleio

Do que adianta tê fama,
ter curso de facurdade
mode apresentá programa
com tanta imoralidade,
sem iscrupo e sem respeito?
quem faz assim deste jeito
tá prantando uma cimente
pra cuiê crime e tristeza,
tá istragando a pureza
das criancinha inocente

É uma coisa medonha,
eu vejo a maió narquia,
eu não sabia se havia
tanta farta de vergonha,
ví uma moça elegante,
bonita e no mesmo instante
sua vergonha perdeu,
andando pra lá e pra cá
mode se fotografá
nuzinha como nasceu

Assisti televisão
desta manêra eu não posso,
não sei pra que meu irmão
mandou pra nós este troço
que a gente não se acustuma,
eu ví uma tal de Juma
toda núa se banhá
bem desconfiada e sonsa
que já tá virando onça
nas terra do Pantaná

Este mundo tá perdido,
tá na maió perdição,
mamãe, me faça um pidido,
venda esta televisão
nem que seja bem barata,
dela só sai coisa chata
que é cronta a religião,
eu já vivo invergonhada
de vê as muié pelada
que sai na televisão

Estas mocinha que assiste
as desagradave cena,
programa e novela triste
que sai palavra obcena
e as fia num vai não vai,
brigando com mãe e pai,
fartando com o respeito,
no futuro estas mocinha
vão seguir na mesma linha,
fazendo do mesmo jeito

televisão, com certeza
é peça importante e bela,
a causa da safadeza
é dos que manobra ela,
disto eu já vivo ciente,
se tem novela indecente
e programa sem pudô
que sai até palavrão,
não é a televisão
é seu apresentado

Ô mamãe o Prisidente
A maió oturidade,
Pruque aceita e consente
Tamanha imoralidade?
Ele fala todo dia
Na boa democracia,
De istudo e de inducação
Nesta nação Brasilêra
E não acaba a sujêra
Que sai na televisão?

Meu pensamento eu não mudo,
Deus perdoi se for pecado,
Mas veja que disto tudo
O Prisidente é culpado,
Mamãe, porque é que este home
Estas coisas não consome?
Eu pregunto com razão
E quero tê a resposta,
Será que ele também gosta
De vê iscuiambação?

Não gosto de nada a tôa
Não aceito este negoço,
A televisão é boa
Mas que os programa é uns troço,
Pra mim não vale um juá
Por isto torno a rogá
Quêra escutá minha voz
Mamãe do meu coração,
Venda esta televisão,
Ela não serve pra nós.

AO ARTISTA ZENON BARRETO

Querem saber quem eu sou?
Eu nascí na Solidade
Onde nunca penetrou
A luz da civilidade,
Onde a história vigora
De lubzomem, caipora
E a acauã agoreira
Apavora meus irmãos,
Alí nascí sobre as mãos
Da sertaneja parteira

Foi alí onde eu nasci
Ouvindo o pássaro cantar
E onde primeiro sentí
A brisa branda soprar,
Guardo no peito a saudade
De minha primeira idade
Onde tudo é ilusão,
Nesta quadra alviçareira
Eu brinquei de baladeira
De bodoque e de pião

Ingênuo e pequeno infante
Rodeado de beleza,
Escutava a todo instante
As vozes da Natureza,
Sou Cearense da gema
Terra da India Iracema
Criada por Alencar,
Me orgulho em ser Nordestino
Nascí com o dom divino
Da Cultura Popular

Eu nasci entre os roceiros,
Fui criado ouvindo lendas
Cantadas pelos Vaqueiros
Que vigiavam fazendas
Eu já dancei cirandinha,
Já condenei a galinha
Quando canta como o galo
E nas festas animadas
Já fiz partes das jornadas
Nas danças de São Gonçalo

Meu Nordeste terra amada,
Terra da mulher rendeira,
Do côco, da enbolada
E da velha benzedeira
Que confiando em seu Santo
Acaba com o quebranto
Rezando forte oração
Toda cheia de esperança
Fazendo cruz na criança
Com o ramo verde na mão

De conservar o Folclore
Nós temos obrigação,
Para que sempre vigore
A Popular Tradição,
Muito me alegra e consola
O cantador de viola,
O grande improvizador
Que elogia e lizongeia
Comparando a mulher feia
Com a beleza da flor

Do Folclore a prova exata
Aos bons leitores remeto,
Mas muito melhor retrata
O grande Zenon Barreto,
Com o seu divino dom
O Xilógrafo Zenon
Este Artista verdadeiro
Retrata em Xilogravura
Nossa popular Cultura
Do Nordeste Brasileiro

Quem já conhece esta arte,
Observando não nega
E sabe que nesta parte
O Zenon é meu Colega,
No mesmo caminho vamos,
Nós amamos e mostramos
Desta Sagrada Cultura
A fiel fotografia,
Eu na simples Poesia
E ele na Xilógravura.

MOTE
GLOSAS

Quando passar a chacina
que surge de dia a dia
e o tráfico de cocaina,
e a real democracia
seguir os caminhos certos
e os Chicos Mendes libertos
das balas dos pistoleiros,
diremos em nossa terra
por vale sertão e serra,
viva o povo Brasileiro

Quando o artista que tem fama
e ocupa o televisor,
só apresentar programa
de moral, de paz e amor,
quando o cruel mercenário
este monstro sanguinário
deixar de ganhar dinheiro
pra matar seus semelhantes
e não houver assaltante,
viva o povo Brasileiro

Quando o infeliz agregado
se libertar do patrão
para morar sucegado
no seu pedaço de chão,
quando uma reforma agrária
que sempre foi necessária
para o cabloco roceiro,
for criada e registrada
em nossa pátria adorada,
viva o povo Brasileiro

O sonho de nossa gente
foi sempre viver feliz
trabalhando independente
em nosso grande país,
quando o momento chegar
do nosso Brasil pagar
o que deve ao estrangeiro,
o maior prazer teremos
e libertos gritaremos,
viva o povo Brasileiro!

O nordestino em São Paulo

Em consequência de uma sêca horrível,
para São Paulo o nordestino vai
leva no peito uma lembrança incrível
da boa terra onde morreu seu pai

Vai pensativo pela sua estrada
contra o destino na cruel campanha,
chega em São Paulo sem saber de nada
entre os costumes de uma gente estranha

E passa a vida sem gozar socego
sem esquecer o seu torrão natal,
com o salário de um misquinho emprego
sua família vai passando mal

Quando noticia do Nordeste tem
com um inverno de mandar plantar
maior saudade no seu peito vem,
escravizado sem poder voltar.

Lero lero

Por aí os ouvintes me propagam,
porém dentro do estado financeiro
se procuro arranjar algum dinheiro,
os que compram fiado não me pagam

No comércio de minha poesia
nada faço do campo até a praça
com calote, com fraude e com trapaça
ninguém pode gozar de uma alegria

São medonhas e grandes eroladas,
da caipora e do azar eu sou cativo
vivo triste sem jeito e pensativo
sem poder me livrar das cabeçadas

Neste mundo só vejo o que eu não quero
todo plano que eu faço sai perdido
e por isso já estou diziludido
nesta vida de tanto Lero Lero.

PATATIVA DO ASSARÉ NO TEATRO JOSÉ DE ALENCAR FAZENDO UMA
REFERÊNCIA SOBRE O IMORTAL FOLCLORISTA LEONARDO MOTA

Como poeta sertanista
é para mim uma glória
falar sobre um folclorista
que é de saudosa memória,
ainda hoje perdura
a beleza de cultura
do Doutor Leonardo Mota,
conferencista exelente
que era familiarmente
conhecido por Leota

Qual sol de brilhante raio,
qual fonte que não se esgota,
dia dez do mês de maio
nasceu Leonardo Mota,
segundo seus documentos
foi em mil e oitocentos
no ano noventa e um,
eu me lembro muito dele,
folclorista como aquele
não haverá mais nenhum

O seu trabalho espontâneo
nos prova a capacidade,
eu relembro com saudade,
pois foi meu contemporâneo,
hoje aqui neste ambiente
me parece ver presente
a figura alegre e franca
deste grande brasiteiro,
glória do nordeste inteiro
e orgulho de Pedra Branca

Sem haver contradição
é bonita a sua história,
cumpriu a sua missão
e foi para a santa glória,
mostrou para o rico e o pobre
o seu sentimento nobre
e o papel de um patriota
nos assuntos sociais,
o Brasil não verá mais
outro Leonardo Mota

Muitos folclorista vão
pizando o fino tapete
escrever sobre o sertão
na mesa de um gabinete,
Leonardo era diferente,
ia esposto ao sol ardente
atráz de sua conquista,
pra poder escrever certo
ia conversar de perto
com testemunha de vista

Por força da vocação
naquele tempo passado
andava pelo sertão
em uma burra montado,
curioso todo dia
as regiões percorria
o grande Leonardo Mota
colhendo entre a rude gente
bendito, trova, repente,
episódio e anedota

Com sobrada paciência
ia o Doutor viajando
e em cada rezidência
conversando e anotando
com jestos familiares,
as expressões populares
do caboco do sertão,
a crensa e a ingenuidade
com toda realidade
sem haver deturpação

Sabia se aproximar
do caboco sem escola
e foi amigo exemplar
do cantador de viola,
o nosso conferencista
acolhia o repentista
com muita amabilidade,
pois foi quem levou primeiro
o cantador violeiro
para o salão da cidade

Nosso querido escritor
com um cuidado sem par
foi grande pesquizador
da cultura popular,
tudo quanto observava
Leonardo acumulava
na sua lúcida cachola,
com amor ele escrevia
até mesmo a cantoria
do cego pedindo esmola

Sua missão a cumprir
trilhou diversos caminhos
escutando o cão latir
e o canto dos passarinhos,
nasceu privilegiado,
foi um grande apaixonado
das coisas da Natureza,
era aquele cidadão
o verdadeiro sertão
com toda a sua riqueza

Seus livros tiveram sorte
de grande divulgação,
o Violeiro do Norte,
no Tempo de Lampeão,
de anedota e poesia,
Cantadores, Prosa Vadia,
Sertão Alegre também,
os seus livros nos arquivos
continuam sempre vivos
com o tesouro que contém

Encerram os seus volumes
tudo o que há no sertão,
feitiço, crensas, custumes
e história de asombração
fala do nosso vaqueiro
e também do cangaceiro,
tudo isto ele publicou,
tem valor extraordinário
o grande documentário
que Leonardo deixou

Para cumprir um dever
eu peço a cada estudante
que procure conhecer
este escritor importante,
tudo aquilo que é amável,
que é bom e que é adorável
com cuidado a gente anota,
peço a nova geração
que leiam com atenção
quem foi Leonardo Mota

Por direito nos pertence
este andarilho incansável
que além de ser cearense
foi brasileiro notável,
afinal, Leonardo Mota,
na intimidade Leota,
foi com a graça celeste
no seu estilo bregeiro
mensageiro e garimpeiro
do folcloro do nordeste

Peço descupa a assistência,
eu não sou capaz de expor
nesta minha referência
o valor deste escritor,
dizer seu valor potente
pormenorizadamente
não posso por minha vez,
somente um Câmara Cascudo
poderia dizer tudo
o que Leonardo fez.

Quem é esta mulher?

Quem é esta mulher de média altura,
que mesmo tendo seus cabelos brancos,
andando firme com os passos francos
tudo na casa resolver procura?

Quem é esta mulher sempre a cismar,
silenciosa, simples e modesta,
que não indo à igreja para a festa
vive constante no seu pobre lar?

Quem é esta senhora tão sensata,
o retrato fiel da honestidade,
que aparenta setenta anos de idade
conduzindo os cabelos cor de prata?

Esta dona mostrando na feição
que deseja dizer alguma cousa,
é a mãe de meus filhos minha esposa
É Dona Belarmina Paz Cidrão

É minha esposa, minha sempre minha
inseparável, doce companhia,
por questão de beleza e simpatia
eu troquei Belarmina por Belinha

Nimguém sabe segredo de mulher
e por isto eu pergunto de hora em hora:
meu Deus do Céu, será que esta senhora
o tanto que eu lhe quero ela me quer?

Se ela reza comtrita é quase pia
e na igreja comunga e se confessa,
vou pedir-lhe que faça uma promessa
para a gente morrer no mesmo dia.

Felicidade

É um casal humilde e muito pobre,
porém feliz, honeste e bem unido,
tem mais valor do que a manção de um Nobre
sua casa de taipa e chão batido

Sempre á festa e prazer o dia a dia
do marido da casa para a roça
e a mulher a dizer com alegria:
– Não há vida melhor do que esta nossa

Pouco importa vivermos na pobreza,
pois Jesus está sempre ao nosso lado
sei que é pobre bem pobre a nossa mesa,
mas que o pão é por Deus abençoado

Para aquele que tem o que nós temos
a pobreza conforta e não atraza,
o que mais desejamos se vivemos
com as graças de Deus em nossa casa?

Se morarmos aqui neste recato
sem ter o luxo que este mundo adora,
Deus nos deu com amor aqui no mato
passarinhos cantando a toda hora

Este sol que ilumina a maravilha
do edificio bonito e colorido,
este sol magestoso também brilha
nossa casa de taipa e chão batido

Se nós agora temos muita sorte,
mais teremos na hora derradeira
porque Deus nos dará depois da morte
outra vida melhor do que a primeira

Precizamos viver rindo e cantando,
Deus não quer os seus filhos na tristeza;
e o marido escutando e confirmando
as verdades daquela camponeza

Que contente dizia e repetia
ser feliz é saber o que é amor,
quando a mesma falava parecia
uma Santa falando ao pecador

E assim vivendo como tem vivido
continua o casal já bem idozo,
nos mostrando o cabelo enbranquecido
e o sorrizo de um moço esperançozo

Querem saber este casal quem é?
alegre e rindo sem pensar na louza?
sou eu Patativa do Assaré
E a mulher é Belinha minha esposa.

SOU NORDESTINO

Meu Nordeste terra amada
terra da mulher rendeira
do côco, da enbolada
e da velha benzedeira
Nesta terra idolatrada
quero ainda vida inteira

REFRÃO
Por ordem celeste
eu sou do Nordeste
sou cabra da peste,
de tudo aqui tem,
canta o violeiro,
aboia o vaqueiro
e o bom sanfoneiro
toca o xem nhem nhem

Não há coisa mais bonita
do que se ouvir no Sertão
o Sabiá sonorozo
Cantando sua canção
e se ver o sol brilhante
cobrindo a face do chão

AQUI TEM COISA

REFRÃO
Por ordem celeste
eu sou do Nordeste
sou cabra da peste,
de tudo aqui tem,
canta o violeiro,
aboia o vaqueiro,
e o bom sanfoneiro
toca o xem nhem nhem

Sou Nordestino e me orgulho
da terra que Deus me deu,
aqui com a Natureza
foi que o artista aprendeu
neste solo abençoado
o Rei do Baião nasceu

REFRÃO
Por ordem celeste
eu sou do Nordeste
sou cabra da peste,
de tudo aqui tem,
canta o violeiro,
aboia o vaqueiro,
e o bom sanfoneiro
toca o xem nhem nhem.

PATATIVA DO ASSARÉ

ENCONTRO DE PATATIVA DO ASSARÉ COM A ALMA DE
ZÉ LIMEIRA O POETA DO ABSURDO

Certa vez andando, sorrindo e contente
cantando repente pelo mundo a fora
ouví uma voz bonita e sonora
dizendo: demora que eu já vou na frente
o dente é a língua e a líllgua é o dente
o K é o J e o J é o K
gambá é rapoza e rapoza é gambá,
Raimundo é Francisco e Francisco é Raimundo
o mundo é o céu e o céu é o mundo
nos dez de galope da beira do mar

PATATIVA – Ô voz atrivida me digas quem é
que eu sou do Assaré o gigante afamado,
poeta famozo atende o meu brado
e você vem agora pra bater-me o pé,
no tema do verso não perdi a fé
meu barco de rima vive a navegar
porém me respondas não queiras negar,
pois já não aguento este teu insulto
ouço a tua voz e não vejo o teu vulto
nos dez de galope da beira do mar

ZÉ LIMEIRA – Sou o isprito forte de José Limeira,
Serra do Texêra foi meu naturá
foi lá que eu nasci eu nasci foi, lá
com faca de pedra e machado de cêra
quando eu bato na água levanta a poêra
que o fogo rebenta do lado de lá,
você não tá dando nem deu e nem dá

71

AQUI TEM COISA

a tua façanha é quem te condena
eu hoje te pelo e não dêxo uma pena
nos dez de galope da bêra do má

PATATIVA — Cantador Limeira engula a saliva
que eu sou o Patativa o grande poeta
não quero fofoca nem quero indireta
sou ave liberta e não serei cativa
cantador valente me vendo se esquiva
porque não se atreve comigo cantar
nimguém faz discurso no meu patamá
eu mando e comando no grande Nordeste
sou bravo e sou forte sou cabra da peste
nos dez de galope da beira do mar

ZÉ LIMEIRA — Tá no mamêlero tá na jurubeba
te móio as pereba com água de soda
a tua cantiga muito me incomoda
vai cnar juizo cantador jereba
teus pés é de pato teus óio é de peba
remêxa pra lá e remêxa pra cá
e aguente os bizôro do meu mangamgá
comigo é no duro é fogo é pimenta
Patativa véio você não me aguenta
nos dez de galope da bêra do má

PATATIVA — Eu tenho a conduta de cantador forte
canto por esporte e ganho a partida
dou tapa na morte e pontapé na vida
vou do Norte ao sul e vou do Sul ao Norte
a minha bravura não há quem suporte
Já domei pantera, leão e jaguar
com tua zuada não vou me calar

ainda que chova trovão e curisco
eu não terei medo e nem correrá risco
nos dez de galope da beira do mar

Zé Limeira — No lugá que eu canto véio não rismunga
não bota calumga nem bota buneco
teu açude eu rombo e teu rio eu seco
no lugá que eu chego sou dono e sou dumga
te rasgo a camiza teu chorte e teu sunga
e um banho de fogo eu mando te dá
te boto no gelo mode afreventá
caraca de chifre do boi da misera
o que tá fartando você não intera
nos dez de galope da bêra do má

Patativa — Colega Limeira eu também sou grande
meu verso se espande com muita franqueza
tanto no compasso como na beleza
não há quem me vença não há quem me mande
por esse universo onde quer que eu ande
a sereia canta me ouvindo cantar
porém este assunto vamos mudar,
a minha vontade digo e não oculto,
colega Limeira me mostra o teu vulto
nos dez de galope da beira do mar

Zé Limeira — Patativa véio deixe de bobage
tu não tem corage e nem é bom saber
com tua moleza tu não pode vê
nem mesmo um fiapo da minha bagage
eu sou Zé Limeira grande personage
porém o meu vurto não vou te mostrar
pruque você vendo começa a chorá

da-lhe um currulapo cai no chão tremendo
fica surdo e mudo e tremina morrendo
nos dez de galope da bêra do má

PATATIVA – Então Zé Limeira pra me dar prazer
queira esclarecer sobre a tua vinda
com teu verso belo e tuada linda
no mundo dos vivos o que vens fazer
estou curiozo queira me dizer
qual foi o motivo de me procurar
estou encantado com o teu cantar
ouço com respeito com prazer e calma
a primeira vez que escuto uma alma
nos dez de galope da beira do mar

ZÉ LIMEIRA – Eu vinha contente mas fiquei sem plano
entrei pelo cano pruque vejo aqui
que para os poeta deste cariri
qualquer um verslnho é limêriano
eu vejo fulano, bertrano e cicrano
cubrindo o rascunho do meu Babá,
qualquer farofinha fedendo a gambá
escapa de pena e vai pra seu Elóia,
não tê satisfeito com tanta pinóia
nos dez de galope da bêra do má

PATATIVA – colega Limeira não tenhas rancor
vejo o teu valor e a fama crescer,
são eles alunos querem aprender
e todos te prezam como professor,
falou seu Elóia nosso locutor
que o limeriano vai continuar
há muitos alunos que vão se formar,

é tudo alegria não vejo chafurdo
na bonita escola do grande absurdo
nos dez de galope da beira do mar

ZÉ LIMEIRA — Então Patativa lhe fico obrigado
mas dê meu recado pra cada poeta
que numca se esqueça da rima correta
também no sentido precisa coidado,
o dado é o dia e o dia é o dado
nem mesmo uma virga não é pra faiá,
avize os meninos pra quando rimá
faça como eu faço por favor não deixe
iscama de rato e cabêlo de pêxe
nos dez de galope da bêra do má

PATATIVA — parabéns Limeira porque conpreende
que o valor se estende da famoza escola
cada professor trabalha e controla
e a nossa cultura cada vez mais rende,
você tudo sabe você tudo entende
porém este assunto nós vamos mudar
estou curioso para te escutar
com teus belos versos e as rimas suaves
me dizendo alguns dos nomes das aves
nos dez de galope da beira do mar

ZÉ LIMEIRA — Patativa é besta que até causa dó
o gato, o mocó, raposa e macaco
punaré, catito, cutia e caçaco
lagaticha, briba, calango e privó
guachinim, tatu, peba e lapíchó
somente a gibóia não quiz inpená
coberta de espinho veve a se arrastá

AQUI TEM COISA

eu sou um artista trabaio perfeito
mas no seu alejo não posso dá Jeito
nos dez de galope da bêra do má

PATATIVA – A tua resposta eu achei ecelente
sucessivamente tudo está mudado
o chefe dos chefes já foi afastado
o Brasil agora está bem diferente
nós temos agora novo presidente
saiu o Fernando entrou Itamar,
porém continua sem nada mudar
campeia a miseria que tudo consome
o rico roubando e o pobre com fome
nos dez de galope da beira do mar

ZÉ LIMEIRA – Eu também cunheço que o mundo é mudado
redondo é quadrado e saúde é doença
a prensa é da massa e a massa é da prensa
pecado é virtude e virtude é pecado
o colado é colo e o colo é colado
a Dimdá é Dimda e a Dimda é Dimdá,
faz trinta semana que eu passei por lá
cavei no lageiro e arranquei batata
com lôra, morêna, criôla e mulata
nos dez de galope da bêra do má

PATATIVA – Nós estamos dentro de um cáus da miséria
é tudo piléna e semente do mal
cresceu a malícia e morreu a moral
se envolveram todos na baixa matéria,
a crise presente é séria bem séria
vem plano e mais plano e sem plano acertar,
é que a maioria não quer trabalhar

76

do Campo a Cidade da pista ao asfalto
reina a violência o roubo e o assalto
nos dez de galope da beira do mar

ZÉ LIMEIRA — Lá no outro mundo também tem chamego
tem branco e tem negro, tem mulato e lôro
tem cabra safado caçando namoro
chorando e gritando sem achar sucêgo,
nimguém muda o nome só muda de emprego,
Camônge é vaquêro nas terras de lá,
Malabá e tôro tôro e Malabá
derruba no mato e não fica ferido
e ele corre é nú, não corre vestido
nos dez de galope da bêra do má

PATATIVA — Já vivo cansado da primeira vida
minha despedida não custará mais,
da minha velhice eu tenho os sinais,
meu cabelo branco e a pele encolhida
já vivo cansado da penoza lida,
já vivo cansado de tanto lutar
precizo de um canto para repouzar,
irei brevimente para a Santa Glória
e aqui neste mundo fica a minha história
nos dez de galope da beira do mar

ZÉ LIMEIRA — A segunda vida tem a mesma sorte
tem furada e corte tem corte e furada
tem carro, navio, canoa e jangada
tem Norte e tem Sul tem Sul e tem Norte
tem muié que reza e pede boa sorte
pra PC Faria que veve por cá
cumendo de esmola num triste pená,

sentado na praia pescando de anzó
e levando dinhêro para o seu paió
nos dez de galope da bêra do má

PATATIVA — Colega Limeira onde você vai
a todos atrai com o seu trocadilho
diz que o filho é pai e diz que o pai é filho
quem sai é quem entra e quem entra é quem sai
quem cai é quem tomba e quem tomba é quem cai
a tua cadência eu seu bem julgar
porém a peleja vamos terminar
aquilo que eu penso você também pensa
nesta sua escola não há quem lhe vença
nos dez de galope da beira do mar

ZÉ LIMEIRA — Gosto de zuada gosto de fuxico
calado não fico não guardo silênço
amarro dinhêro na ponta do lenço
e arrocho o barbante na ponta do bico,
eu não cantei nada só fiz o prefico
mas já tá na hora de me retirá
mas porém eu vorto para te lascá
te dá outro arrocho, te dá outro grito
fazer Patativa virá um musquito
nos dez de galope da bêra do má

PATATIVA — Voltou Zé Limeira da longa viagem,
não me deu bagagem, são elas por elas,
as nossas bitolas e as nossas tabelas
ambas mereceram a mesma mensagem,
já estou bem velho mas tenho coragem,
no lugar que eu chego valentão arriba,
a minha façanha não há quem proiba,

aumentei as cores da minha bandeira
cantei com a alma de José Limeira
Poeta lendário lá da Paraíba.

Minhas Filhas

Minhas Filhas eu vejo que são três
E cada qual é da beleza irmã,
Se eu quero Lúcia, muito quero Inês,
Da mesma forma quero Miriam

Vendo a meiguice da primeira filha,
Vejo a segunda que me prende e encanta
A mesma estrela que reluz e brilha,
Se olho a terceira vejo a mesma Santa

Se a cada uma com fervor venero,
Fico confuzo sem saber das três
Qual a mais linda e qual a mais eu quero,
Se é Miriãm, se é Lúcia ou se é Inês

E já velho a pensar de quando em quando
Que brevemente eu voltarei ao pó,
Eu sou feliz e morrerei pensando
Que as três filhas que eu tenho é uma só.

Como deixei de fumar

Certa vez um Cigarro astuciozo
Me falou com disfarce de ladrão:
– para seres Poeta primorozo
Eu te ajudo na tua inspiração

Quando a mente cansada permanece
De sentido e de rimas bem vazia,
Com algumas tragadas te aparece
O que queres dizer em poesia

Te incentivo a falar dos indigentes
E da vida que encerra dias breves,
Te forneço as imagens ecelentes
No perfil da mulher que tu descreves

Desta minha fumaça o conteúdo
Alimenta o prazer de uma ilusão,
Tu me fumas Poeta, que eu te ajudo,
Para nunca faltar-te inspiração

Risca o fósforo e me queimes, por favor,
Tu precizas compor a tua rima
E eu também procurando outro setor
Subirei bem feliz de mundo a cima

Quando ouví do cigarro os seus pedidos
Escutei um conselho para mim,
Eu sentí penetrar em meus ouvidos
Uma voz a falar dizendo assim:

– O cigarro procura te enganar
Te iludir e fazer a tua ruína,
Vai fazendo teus versos sem fumar,
Não aumentes no corpo a nicotina

Quando ouví esta voz suave e pura,
Do meu eu transformado me encontrei
E falei ao cigarro com sensura,
Tenhas calma, amanhã te fumarei

E no dia terceiro, indiferente
Me disse ele: Fumante vagabundo!
Descobrí o teu truque e estou ciente,
Só se acaba amanhã no fim do mundo

Dando Graças a Deus eu conheci
Que alcancei uma graça, uma virtude,
Foi com este milagre que vencí
O maior inimigo da saúde.

HOMENAGEM AO ESCRITOR PADRE ANTONIO VIEIRA
NOS SEUS SETENTA ANOS

Dia quatorze de Junho
acordei de madrugada,
vi que a grande Natureza
estava bem transformada,
vi que cada passarinho
cantava com mais carinho
juntamente com o apito
da linda e rôxa nambú,
até o feio urubú
desta vez fungou bonito

Sai da casa singela,
da minha pobre choupana
e achei que estava mais bela
minha Serra de Santana,
certo misto de beleza,
de inocência e de pureza
vi que o horizonte ostentava
e de momento em momento
nos campos cada jumento
constatimente berrava

Fiquei muito pensativo
sem saber qual a razão
sem saber qual o motivo
daquela transformação,
perguntei a um lopeu
e o jegue me respondeu
com bastante cortezia
e delicada maneira:
— É o irmão Padre Vieira
que agora aniversaria

Esta manifestação
Espontânea e verdadeira,
é saudando o nosso irmão,
o Padre Antonio Vieira
este escritor consagrado,
grande e único advogado
do desprezado jumento,
foi ele quem trabalhou,
pelejou e me libertou
das trevas do esquecimento.

Graças a sua bondade,
hoje eu sou o senhor jumento
conhecido na cidade
com muito merecimento,
com sua capacidade,
amor e fraternidade
me deu fama e posição,
com o seu saber profundo
apresentou para o mundo
o Jumento Nosso Irmão

Naquilo que não me agrada
nunca quiz obdecer,
mesmo levando pancada
nunca gostei de correr,
pois não há necessidade,
mas pra fazer a vontade
do Padre Antonio Vieira,
o que ele quizer eu topo,
chateio, marcho, galopo,
e desparo na carreira

Sofrí muito no passado,
ninguém falava em meu nome,
viví sempre desprezado,
surrado e passando fomé,
mas Padre Antonio Vieira
com a pena alviçareira
escreveu bonita estória
sobre o valor do jumento,
registrou o documento
e hoje é o dono da vitória

Se eu já fui transporte um dia
da divina magestade,
só um Padre poderia
divulgar minha bondade,
por isto por minha vez
hoje a quatorze do mês
a gloriosa noticia
vou pelo mundo espalhando
berrando homenageando
sua data natalícia

Com muita curiosidade
eu voltei a moradia
pra saber se era verdade
o que o jumento dizia,
digo, juro e testemunho,
dia quatorze de Junho
ví na parcela primeira
da folha do calendário
confirmando o aniversário
do Padre Antonio Vieira

Parabéns meu caro amigo!
parabéns meu camarada,
tudo quanto aqui eu digo
não significa nada
perante ao grande escritor,
queira aceitar com amor
esta prova de amizade,
homenagem de um Poeta
para você que completa
Setenta anos de idade

Eu já passei por aí,
morei na casa setenta,
porém hoje estou aqui
num quarto da casa Oitenta,
a passagem com certeza
vai lhe dar a Natureza
e aqui você chegará,
mas nesta grande campanha
você nunca me acompanha,
Cante Lá que Eu Canto Cá

Quando o aniversáriante
penetrar na casa Oitenta
eu estarei bem distante
dentro da casa Noventa
e assim cada personagem
fazendo a mesma viagem
com aparência de forte,
um Sacerdote e um Poeta
vão seguindo a grande meta
dando côtôco pra morte

Minha solidariedade,
amigo Padre Vieira,
com a mesma liberdade
de pilhéria e brincadeira,
o dia quatorze veio
de alegria todo cheio,
homenagea-Io agora
são nossos contentamentos,
eu com todos os jumentos
toda fauna e toda flora

Desejamos que esta data
seja sempre repetida
sempre festejada e grata
alegrando a nossa vida;
na derradeira expressão
desta minha saudação
sei que o povo vai gostar
do que agora eu vou dizer,
só basta você morrer
quando o mundo se acabar.

Dois quadros

Na sêca inclemente no nosso Nordeste
o sol é mais quente e o céu mais azul
e o pobre se achando sem pão e sem veste
viaja a procura das terras do sul

De nuvem no espaço não há um farrapo,
se acaba a esperança da gente roceira,
na mesma lagoa da festa do sapo
agita-se o vento levando a poeira

A grama no campo não nasce, não cresce,
outrora este campo tão verde e tão rico,
agora é tão **quente** que até nos parece
um fôrno queimando madeira de angico

Na copa redonda de algum Juazeiro
aguda cigarra seu canto dezata
e a linda araponga que chamam ferreiro
martela o seu ferro por dentro da mata

O dia desponta mostrando-se ingrato,
um manto de cinza por cima da serra
e o sol quando nasce parece o retrato
de um bolo de sangue nascendo da terra

Porém quando chove tudo é riso e festa,
o campo e a floresta prometem fartura,
escuta-se as notas agudas e graves
dos cantos das aves louvando a natura

Alegre esvoaça e gargalha o jacú,
apita o nambú e geme a juriti
e a brisa farfalha por entre os verdores
beijando os primores do meu Cariri

De noite notamos as graças eternas
nas lindas lanternas de mil vagalumes,
na copa da mata os ramos se enbalam
e as flores exalam soaves perfumes

Se o dia desponta, que doce harmonia!
a gente aprecia o mais belo compasso
além do balido das mansas ovelhas,
enxames de abelhas zumbindo no espaço

E o forte caboco de sua palhoça
no rumo da roça de marcha apressada
vai cheio de vida sorrindo e contente
lançar a semente na terra molhada

Das mãos desse bravo caboco roceiro,
fiel prazenteiro modesto e feliz
é que o ouro branco sai para o processo
fazer o progresso do nosso País

ABC DO NORDESTE FLAGELADO

Ai como é duro viver
nos Estados do Nordeste
quando o nosso Pai Celeste
não manda a nuvem chover,
é bem triste a gente ver
passar o mês de janeiro
depoIs passar fevereiro
e março também passar,
sem o inverno começar
no nordeste brasileiro

Berra o gado inpaciente
reclamando o verde pasto
desafigurado e arrasto
com olhar de penitente
o fazendeiro discrente
um geito não pode dar,
o sol ardente a queimar
e o vento forte soprando,
a gente fica pensando
que o mundo vai se acabar

Caminhando pelo espaço
como os trapos de um lençol
pras banda do por do sol
as nuvens vão em fracasso,
aqui e ali um pedaço
vagando, sempre vagando
quem estiver reparando
senti logo a impressão
de umas pasta de algodão
que o vento vai carregando

De manhã, bem de manhã
vem da montanha um agouro
de gargalhada e de choro
da feia e triste acauã,
o bando de ribamsã
pelo espaço a se perder
pra de fome não morrer
vai atráz de outro lugar
e alí só torna a voltar
um dia quando chover

Em tudo se vê mudança
quem repara vê até
que o camalião que é
verda da cor da esperança,
com a seca que avança
muda logo de feição,
o pobre camaleão
perde a sua cor bonita,
fica de forma esquizita
que causa admiração

Foge o prazer da floresta
o bonito sabiá
que quando chovendo está
cantando se manifesta,
quando chove ele faz festa
gorgogeando por esporte
mas não chovendo é sem sorte,
fica sem graça e parado
o cantor mais afamado
dos passarinhos do Norte

AQUI TEM COISA

Geme de dor, se aquebranta
e dalí desaparece
o sabiá só parece
que com a seca se encanta,
se outro passarinho canta
o coitado não responde,
ele vai não sei pra onde,
pois quando o inverno não vem
com o desgosto que tem
o pobrezinho se esconde

Horrorozo, horrível, mal
de lá de dentro da grota
manda sua feia nota
o tristonho bacural,
canta o João corta pau
o seu poema funério,
é muito triste o mistério
de uma sêca no Sertão
a gente tem impressão
de que um mundo é um cemitério

Ilusão, prazer e amor
tudo parece fugir,
tudo alí vive a carpir
tristeza, saudade e dor,
nos dias de mais calor
se escuta pra todo lado
o toque desafinado
na gaita da ciriema
acompanhando o cinema
do Nordeste flagelado

Já falei sobre a desgraça
dos animais do Nordeste,
com a sêca vem a peste
e a vida fica sem graça,
quanto mais dia se passa
mais a dor se multiplica
a mata que já foi rica
de tristeza geme e chora,
precizo dizer agora
o povo como é que fica

Lamenta desconsolado
o pobre do camponês
porque tanto esforço fez
mas não lucrou seu roçado,
no banco velho sentado,
olhando o filho inocente
e a mulher bem paciente
cosinha lá no fogão
o derradeiro feijão
que ele guardou pra semente

Minha boa companheira
diz ele: vamos embora
e depressa sem demora
vende a sua cartocheira,
vende a faca e a roçadeira,
machado, foice e facão,
vende a pobre habitação
galinha, cabra e suíno
e viaja sem destino
em cima de um caminhão

Naquele duro transporte
sai aquela pobre gente
lamentando paciênte
o rigor da dura sorte,
levando a saudade forte
de seu povo e seu lugar,
sem um nem outro falar
vão pensando em sua vida
deixando a terra querida
para nunca mais voltar

Outro tem opinião
de deixar mãe, deixar pai,
porém para o sul não vai
procura outra direção,
vai bater no Maranhão
onde nunca falta inverno,
outro, com o grande constemo
deixa a casa e a mubília
e vai com sua família
pra construção do governo

Porém lá na construção
seu viver é bem grosseiro
trabalhando o dia inteiro
de picareta na mão,
pra sua manutenção
chegando o dia marcado,
em vez do seu ordenado,
dentro da repartição
recebe pobre ração
farinha e feijão furado

Quem quer ver o sofrimento
de uma seca no sertão
procura a concentração
e entra no fornecimento,
pois ali o alimento
que o pobre tem que comer,
a barriga pode encher
porém não tem substância
e com esta circunstância
começa o povo a morrer

Raquítica, triste e doente
fica a pobre criatura
e a boca da sepultura
engolindo o inocente,
Meu Jesus meu Pai Clemente
que da humanidade é dono,
desça do seu alto trono,
da sua Côrte Celeste
e venha ver o seu nordeste
como ele está no abandono

Sofre o casado e o solteiro
sofre o velho e sofre o moço,
não tem janta, nem almoço
não tem roupa e nem dinheiro
também sofre o fazendeiro
que de rico perde o nome
o desgosto lhe consome
vendo o urubú esfomeado
puxando a pele do gado
que morreu de sede e fome

Tudo sofre e não resiste
este fardo tão pesado,
no nordeste flagelado
em tudo a tristeza existe,
mas a tristeza mais triste
que faz tudo entristecer,
é a mãe triste gemer,
águas dos olhos correndo
vendo o seu filho dizendo:
Mamãe, eu quero comer!

Um é ver outro é contar
quem for reparar de perto
o campo todo deserto
dá vontade de chorar
ali só fica a teimar
o Juazeiro copado,
o resto é tudo pelado
da chapada ao taboleiro
por onde o alegre vaqueiro
cantava tamgendo o gado

Vivendo em grande maltrato
pelo campo a abelha voa
sem direção sempre atôa
por causa do desacato,
a procura de um regato
de um jardim ou de um pomar
constantimente a vagar
cumprindo a sorte misquinha,
mas não acha a coitadinha
uma flor para pouzar

Xexeu que é ave que mora
na grande árvore copada,
vendo a chapada arrazada
bate as azas, vai embora,
somente o saguím demora
pulando a fazer careta,
na mata tingida e preta
tudo é aflição e pranto,
só por milagre de santo
se encontra uma borboleta

Zangado contra o sertão
dardega o sol inclemente,
cada dia mais ardente
tostando a face do chão,
e mostrando com paixão
lá do infinito estrelado
pura Iimpa sem pecado
de noite a lua derrama
um banho de luz no drama
do nordeste flagelado

Minha impressão sobre o trem de ferro

Quando eu escuto a barulhera horrível
do trem que vem chegando na Estação,
penso até que ele é vivo, ele é sensível
e que possui também um coração

No seu doido barulho e fumaçando
mostra um gesto de grande autoridade,
é que o trem revoltado está raiando
contra a falsa e cruel humanidade

Quando parte soltando um grito agudo,
os passageiro vão fazendo acenos
e ele correndo vai levando tudo,
pretos, brancos, mulatos e morenos

Todos respeitam a passagem dele,
nimguém rí, nimguém chimga, nimguém zomba,
pois a linha é somente para ele
sempre foi respeitada a sua tromba

Constante faz o seu trajeto além,
tendo em cada Parada uma demora,
muitas casas sabemos que ele tem
e em nenhuma das mesmas ele mora

No seu apito quando vai partindo
há um misto de mágua e de tristeza,
é que o trem revoltado vai sentindo
a miséria sem trégua da pobreza

Eu me sinto surprezo e pensativo
vendo o trem quando chega na estação
e tenho a sensação de que ele é vivo
e que possui também um coração.

Amor Materno

Maria Sabina morava sozinha
na sua casinha
de folha sapé
seu sonho de rosa de grande esperança
era uma criança
chamada José

José três aninhos de vida contava
e alegre brincava
no seu vem e vai
só tinha o carinho da boa Maria
nimguém conhecia
quem era seu pai

Maria Sabina no seu dia a dia
bordava, tecia
fazia croché,
seu rizo era meigo tão terno e tão doce
pra onde ela fosse
levava José

Cantava e sorria por ver a seu lado
seu ente adorado
naquele vai e vem
é muito contente feliz e ditoza
a mãe amoroza
que ao filho quer bem

Porém a maldade dos monstros da terra
a tudo faz guerra
com ódio sem par
rapitaram seu filho e Maria coitada!
ficou tresloucada
no mundo a vagar

A louca vagava sem rumo ou destino
chamando o menino
sem plano e sem fé
costante gritava no mesmo estribilho
eu quero meu filho
eu quero José

Do campo a cidade chorava e gritava
e as vezes soltava
saudoza expressão,
as mãos acenando soltava um gemido
vem filho querido
do meu coração

Há doze de outubro exausta e cansada
caiu desmaiada
na praça da Sé
e disse perdendo dos olhos o brilho!!
eu quero meu filho
eu quero José

Gritando e chorando no mesmo estribilho
chamando seu filho
Maria morreu,
nimguém julga as dores dos golpes da espada
na mãe desvelada
que o filho perdeu.

INGRATIDÃO

Amai-vos uns aos outros, Ele dizia
Quando a santa doutrina apresentava
E aquela multidão que O escultava
indiferente a voz do mestre ouvia

Além e mais além Ele seguia
e os exemplos de amor a todos dava
porém a humanidade sempre escrava
do orgulho, da inveja e da anarquia

Morreu Jesus no topo do calvário,
com o fim de remir o mundo vário
foi seu sangue inocente derramado

Mas o mundo cruel e enfurecido
em sequestros e bombas envolvido
continua na lama do pecado.

A SECA

Quem já viu uma seca no nordeste
já conhece o retrato da tristeza,
Até parece que o Senhor Celeste
deu o desprezo ao primor da Natureza

Sai do berço querido o retirante
com a sua familia disnotrida,
na esperança de achar muito distante
melhores dia para a sua vida

Tudo é triste bem triste de pasmar,
o sol quente queimando a terra dura
muitas aves voando sem parar
de alimento também vão a procura

Cada qual sofre padicer atroz
procura a vida pelo rumo incerto,
obdecendo do vaqueiro a voz,
muge a boiada no sertão dezerto.

O FRANGÃO DA MEIRISLENE

Meirislene, uma estudante
da cidade de Altaneira,
uma garota elegante
por estudo enteresseira,
em Altaneira estudando
e a série oitava findando
cheia de esperança e fé,
seguindo o mesmo ideal
para fazer o normal
veio morar no Assaré

Veio de oitava completa
esta jovem de Altaneira
para a casa do poeta
seguir a sua carreira,
um frangão muito alarmado,
velho do século passado
ela trouxe para cá,
porém faltando carreta,
veio o carrão Burra Preta
da prefeitura de lá

Assim que o frangão chegou
bem na praça do mercado
o povo se alvoroçou,
correu cachorro assombrado,
dele alguém se aproximando,
o bicho foi se zangando
e neste mesmo momento
quando as asas increspou,
com os exporões furou
mais de um palmo no cimento

Por não ser grande a lonjura
levaram o infeliz
no carro da prefeitura
para a praça da matriz,
o motorista afobado
exclamava: este danado
Patativa não suporta
e para ficar seguro
botou por cima do muro
porque não coube na porta

Disse com sinseridade
mestre Assis um marcineiro:
querendo eu faço uma grade
por cem mil, sou barateiro,
faço de masaranduba
que este diabo não derruba
e eu respondi-lhe valeu
mandei que fizesse a grade,
mas grande barbaridade
certa noite aconteceu

Uma certa madrugada
o alarmado cantou,
foi tão medonha a zuada
que a rua toda abalou,
três traves se deslocaram
e pelo espaço voaram,
foi tão horrorosa a cousa
lá pelo espaço a zunir
que duas foram cair
no muro da Dona Sousa

Foi confusão horrorosa
da praça até ao mercado,
o Padre Manuel Feitosa
acordou avoroçado
e disse nervoso e brabo:
isto são manhas do diabo,
foi para a igreja rezar,
mas um rapaz que sabia
foi depressa a sacristia
para ao vígario falar

Chegando lá foi dizendo,
pois tinha conhecimento:
tenha calma reverendo
com o grande movimento
eu também de medo tremo,
mas não são manhas do Demo
e por isto não condene
o que lhe deixou nervoso
foi o canto pavoroso
do frangão da Meirislene

O padre com voz altiva
disse: com isto eu me zango,
volte e diga ao Patativa
que mande matar o frango,
mate que não se arrepende,
porque a carne ele vende
e eu compro se não for cara
oito arrobas de titelas
para a minha parentela
que mora em Acopiara

Volte logo e diga a ele
que é para o frangão matar
que um estrondo como aquele
não há quem possa aguentar,
antes que cante de novo
ele mata e vende ao povo
que Assaré tem muita gente
e eu compro além da titela
doze quilos de moela
pra mandar pra Dom Vicente

Obdceu o repentista
e mandou solicitar
do prefeito um tratorista
para o frangão esfolar,
com o estranho recado
ficou o prefeito calado,
mas lhe disse o portador:
pode mandar seu prefeito
que um frangão daquele jeito
só se mata de trator

Quando chegou o tratorista
do prefeito de Assaré
já estava o frangão na pista
que tem na Praça da Sé,
com três ou quatro rodadas
das grandes rodas pesadas
o desgraçado morreu,
grande peneiro subia,
o céu a gente não via
porque tudo escureceu

AQUI TEM COISA

o povo todo feliz
em forma de procissão
ia a praça da Matriz
para comprar o frangão,
com a grande novidade
todo povo da cidade
à praça compareceu,
quinze dias no mercado
porco, bode, ovelha e gado
nenhum machante vendeu

Patativa e a estudante
a garota de Altaneira
cada qual mais vigilante
com medo da roubalheira,
do frangão misterioso
com um processo jeitoso
fizeram certo preparo
espalhando pela praça,
aos pobres dando de graça
e aos ricos vendendo caro

Todo povo está ciente
e devemos conhecer
que pobre também é gente
também precisa comer
pois é da crise cativo
e foi por este motivo
que uma parte do frangão
dois caminhões carregaram
para os que não se alistaram
no trabalho do **bolsão**

Meirislene e Patativa
duas almas piedosas
cada qual mais compassiva
sensiveis e caridosas,
simples, humildes e pobres,
porém de corações nobres,
com a maior gentileza,
todo dinheiro apurado
do frangão agigantado
deram de esmola a pobreza

E das carnes o restante,
grande parte do frangão,
nimguém vendeu a machante
com medo da exploração,
foram em fardos guardadas
depois disto despachadas
em um Chevrolet cargueiro
com socorro imediato
para os hospitais de Crato
de Barbalha e Juazeiro

Todos alegres sorriam
nas salas dos hospitais,
porque se os pobres comiam
os ricos comiam mais,
a grande comunidade
das casas de caridade
com um festejo solene
a noticia irradiou
e foi assim que findou
o frangão da Meirislene.

AQUI TEM COISA

A REVOLTA DO PASSAMENTO

Entre os males já fui um grande mal,
quando eu dava um arrocho em um sujeito
quem ouvisse dizia: está sem jeito
e a familia comprava o funeral

Até mesmo ao cabloco do roçado
eu tratava sem dó e sem carinho,
muitas vezes ficava o coitadinho
sobre o chão lá na roça desmaiado

Aplicando meu choque perigozo
já pintei de amarela a cor vermelha,
de malandro, bonito e vaidozo
fiz a boca ficar no pé da orelha

Por pobreza, riqueza e posição
neste mundo fui sempre respeitado,
fui um monstro pervesso no passado,
nos ataques eu era o campeão

Porém minha façanha já passou,
hoje vivo isolado e sem prazer,
a ciência que em tudo quer mexer
com a sua imprudência me cassou

Me cassou com o seu atrevimento,
eu não sei porque tal metarmofoze,
com enfarte, derrame e com tromboze,
nimguém quer mais falar do passamento.

CARTA A PAPAI NOEL

Papai Noel nesta carta
de verdade toda farta,
peço que parta e reparta
suas preciozidades
com as crianças decentes
que folgam rindo e contentes,
mas não esqueças os carentes
dos subúrbios das cidades

Você, que tem o seu plano
de chegar de ano em ano
e dentro do meio urbano
muitas ofertas espalham,
peço que seja clemente
veja o pequeno carente
esperando o seu presente
na pobre casa de palha

Você sempre foi querido,
nas cidades preferido
e sempre foi recebido
com amor e com carinho,
convém que assim permaneça
as ofertas ofereça,
mas peço que não esqueça
do Natal do pobrezinho

AQUI TEM COISA

Porque com seu ideal
durante o mês do Natal
não vai a zona rural
a pobreza conhecer?
porque é que voce não vai
ver o filhinho sem pai
e as vezes grita ai ai ai,
mamãe, eu quero comer!

Porque não olha a palhoça
do trabalhador da roça
onde as vezes não almoça
porque falta a refeição?
amigo Papai Noel
veja este drama cruel
seja bondozo e fiel
na confraternização

Voce que é um portador
de objetos de valor,
divida com mais amor
as belas ofertas suas,
este meu conselho tome,
glorifique este seu nome,
há muita gente com fome
nas pontas das pobres ruas

Estes versos que compus
inspirados com a luz
do nosso amado Jesus
que viveu em Nazaré,
escreva no seu caderno
e receba o abraço terno
deste poeta fraterno
Patativa do Assaré.

MANÉ BESTA

Minha bestêra é profunda,
eu sou mesmo Mané Besta,
sabo, dumingo, sigunda,
têça, quarta, quinta e sesta,
divido a grande bestêra
vou sofrê a vida intera
cheio de dor e tristeza,
sou um pobre desprezado
pruque vivia inganado
com os óio de Tereza

Era uma lindra donzela
esta Tereza que eu falo
toda vez que eu penso nela
eu fico triste e me calo,
porém vou sempre dizer
pra todo mundo sabe
como é grande o meu azá,
os martiro que passei
e por quá razão dexei
a Fazenda Jatobá

De grande bêsta que sou
vivo no mundo a pená,
tudo a sorte me entregou
e eu não sube aproveitá,
eu de Tereza gostava
e ela também me amava
cheia de esperança e fé,
vivia sempre a dizê:
só não caso com você
se você não me quizer

Aquela fala suave
de bonita intuação
iguá o canto das ave,
entrava em meu coração
com alegria tamanha,
mas tinha uma coisa istranha
que eu achava muito ruim,
é que Tereza sirria
dizendo que me queria
mas não oiava pra mim

Se, eu as vez apaxonado
com Tereza conversava,
um óio pra cada lado
eu via que ela botava,
era grande o meu desgosto
por ver o mais lindo rosto
com o oiá deferente,
era uma grande caipora,
como é que a gente namora
sem ,a moça oiá pra gente!

Nada eu queria falar,
pois é coisa munto feia
um rapaz querê mandar
nos oio da fia alêia,
ia aguentando o castigo
dizendo mesmo comigo
cá nos pensamentos meu:
o que é que esta moça tem,
que diz que me ama e quer bem
mas não repara pra eu!

Neste padicê medonho
eu não tava satisfeito,
se eu drumia via em sonho
seus oio do mesmo jeito,
eu que tinha o pensamento
lhe falá em casamento
pra gente casá depressa,
já tava sem esperança
até que veio a lembrança
de fazer esta promessa

Senhora Santa Luzia
que é pura e santificada,
protege o cego de guia
e é dos oio adevogada,
peça licença a Jesus
que por nós morreu na cruz,
pra vê se a Senhora manda
Tereza ter gesto amigo
e não conversá comigo
botando os óio de banda

Eu sei que a senhora vê
que Tereza é uma jóia
mas também deve sabê
de que jeito ela me oia
tenha dó de minha quêxa
pra vê se esta moça dêxa
aquela moda esquizita
que eu lhe pago e não demoro,
boto no seu oratoro
dezesseis metro de fita

Quando contando a certeza
eu rezei com piedade,
parecia vê Tereza
oiá pra mim de verdade,
quando esta promessa fiz
eu me senti bem feliz,
bem feliz e conformado,
na menhã do outro dia
com fé em Santa Luzia
eu fui vê o rizurtado

Munto cedo me arrumando
minha esperança era tanta,
que eu fui alegre contando
com o milagre da santa,
mas quando avistei Tereza
cresceu a minha tristeza
e ví a minha derrota,
ela tava sastifeita,
uma vista pra dereita
e outra vista pra canhota

Eu vi que não tava bem
e disse no meu sintido:
eu sei que esta moça tem
um namorado iscundido,
minha reza foi perdida
e namorada fingida
é coisa que não aceito
esta Tereza disfarça,
a garota quando é farsa
nem mesmo santo dá jeito

Bem triste naquela hora
tratei de me arritirá,
e resorví i me embora
da Fazenda Jatobá,
sem falá pra minha gente
nem amigo e nem parente,
fiz uma certa dispeza,
vendí meu burro e o cavalo
e viajei pra São Palo
com desgosto de Tereza

Com um ano mais ou meno
que vivia a trabaiá,
me avistei com Zé Moreno
da Fazenda Jatobá
e ele me gritou: Mané!
me diga, como é que é?
o seu jeito é de tristeza,
quando eu viajei de lá
da Fazenda Jatobá,
você amava a Tereza

Eu respondi: é certeza
amei ela de verdade
mas depois vi que Tereza
só tem munto é farsidade
peço que você perdoi
eu contá tudo o que foi
que comigo aconteceu,
pra lhe dizê a verdade
durante a nossa amizade
ela nunca oiou pra eu

Mané você me acredita
a Tereza é minha prima
e é a moça mais bonita
que nasceu naquele crima,
trabaiadêra e honesta
nunca andou de festa em festa,
você não pensou dereito,
não sôbe fazê a iscôia,
Tereza nasceu zanôia
só oia daquele jeito

A minha prima querida
sei que munto já sofreu,
e o mió de sua vida
você de tôlo perdeu,
ela sempre me dizia
que lhe amava e lhe queria
com isperança sem fim,
ela não é vira fôia,
é que Tereza é zanôia
só oia pra gente assim

Quando o Zé me contou isto
e eu tive com certeza,
jurei em nome de Cristo
de me casá com Tereza,
pedí a conta ao patrão,
me atrepei num caminhão
e vortei apaxonado
mas foi grande o meu asá,
no.dia que eu cheguei lá
Tereza tinha casado

Com esta triste surpreza,
não procurei nem meu povo
e nem falei com Tereza,
vim pra São Paio de novo
e hoje vivo aqui no Sú
sofrendo, comendo crú
de minha gente afastado,
sou o mais infeliz traste,
trabaio que nem guindaste
pegando fardo pesado

Tudo na vida perdi
foi grande minha moleza
só proque não conheci
o zanôio de Tereza,
sofro munto e não sucego,
por isto eu digo e não nego
eu sou mesmo Mané besta
de uma bestêra profunda
sabo, dumingo, segunda,
têça, quarta, quinta e Sesta.

ZÉ JACÓ

Conheci Zé Jacó simples roceiro,
quando as vezes chegava em um forró
apanhava por lá de fazer dó,
deste povo corrupto e arruaceiro

Quando o pobre chegava no terreiro
a canalha gritava: Zé Jacó
e cobria o coitado no cipó
como o artista batendo no pandeiro

Mas, como a lua quando muda a fase,
Zé Jacó resolveu mudar de base
transformando a moleza em valentia

Surrava gente e dominava o samba,
lhe obdeciam pois ele era o bamba,
brigar com ele nimguém mais queria.

A negra Mariana

Manca, zarôlna de esmolar vivia
e era tão feia a negra Mariana,
que a molecagem a zombar dizia:
— nasceu um bicho nessa raça humana

Causava pena sua triste sorte,
nimguém queria aquela pobre ver,
para tal sofrimento só a morte
poderia acabar seu padecer

Em qualquer porta quando ela batia
só parecia um infernal capricho,
como resposta a Mariana ouvia,
tu não és gente, vai te embora bicho

Sobre a sargeta que a miséria encerra
terminou ela seu sofrer sem par
e hoje vive no céu quem nesta terra
morreu de fome sem nimguém ligar.

O BODE DE MIGUEL BOATO E O EFEITO DA MACONHA

O praciano e o roceiro
já sabem Miguel quem é,
este grande cachãozeiro
do mercado de Assaré,
sua língua é uma mola,
fala mais do que vitrola,
é amigo muito exato,
seu nome é Miguel de Souza,
mas devido tanta causa
lhe chamam Miguel Boato

Miguel é negociante
é um grande caichãozeiro,
mas também banca o marchante
comprando bode e carneiro,
só compra para ganhar
porque sabe avaliar
o pezo da criação,
mas desta vez se lascou
com um bode que comprou
no Sitio do Boqueirão

Totonho de Zé Camdinha
que anda atráz de melhora
vendendo um bode que tinha
fez grande ricurso agora,
Miguel foi o preferente
e o Totonho inteligente
fingindo ser bem fiel,
chegou de cara rizonha
e um cigarro de maconha
fumou perto de Miguel

Totonho por um capricho,
vendo Miguel maconhado
disse: vamos ver o bicho
que está ali no cercado
e na vista do marchante
era um bode estravagante
do tamanho de um camêlo
Miguel com gosto sorria,
coitadinho! não sabia
do seu grande dismantêlo

Perguntou achando graça:
Totonho, responda a mim
onde encontrou esta raça
de bode tão grande assim?
este é pra mais do contrato
por quinhentos é barato
o seu bonito animal,
o monstro parece um boi,
faço de conta que foi
um presente de Natal

Se despidiu de Totonho,
cheio de vida e contente
e saiu muito rizonho
tocando o bode na frente,
alegre pelo caminho
dizia mesmo sozinho
agora eu ganho um pacote,
deste vez eu dei um bolo
e a custa daquele tôlo
eu vou aprumar o chote

Porém quando se sumiu
o efeito da maconha,
o bode diminuiu
de fazer raiva e vergonha
e o marchante encabulado
dizia imprecionado:
o bode que era um.cendeiro
se transformou de repente!
foi quando ficou ciente
que o Totonho é maconheiro

Com uma raiva medonha
dizia o bode mudou
só tendo sido maconha
que aquele diabo fumou,
pensando em sua caipora
seguindo de estrada a fora
sem prazer sem alegria
na frente o bode tocava
e quanto mais reparava
mais ele diminuia

Bastante desiludido
quando chegou na rodagem
achou que tinha perdido
o dinheiro e a viagem,
olhava e naquilo tudo
via um bodete pansudo,
pequeno e muito esquizito
e o povo que o encontrava
sorria e lhe perguntava
cadê a mãe do cabrito?

Quando ele chegou na rua
enfadado e sem prazer,
foi grande a vergonha sua
para o bodete abater
e assim que o mesmo isfolou
o povo se alvoroçou
tudo queria comprar
com algazarra e pagode
porém o diabo do bode
não deu nem pra começar

Lojas, bancas e bodegas
iam comprar um quinhão
e os marchantes seus colegas
fazendo chateação,
chegava um e dizia
com a maior anarquia:
só negocia quem pode!
e Miguel incabulado
calado, muito calado
pezando a carne do bode

Depois que a carne pezou,
somou tudo, dividiu,
com jeito multiplicou
e depois diminuiu,
com a sua grande prática
abalou a matemática
sem perder operação,
e sabe o que aconteceu?
oitenta contos perdeu
no bode do Boqueirão

A matança foi tão louca
que o Miguel perdeu a feira
e além da carne ser pouca
a pele nãó deu primeira,
ficou sem jeito o marchante,
com a droga embriagante
Totonho lhe tapeou,
com o negócio horroroso
Miguel ficou desgostoso
e nunca mais boatou

Não quer negócio fazer
com gente do Boqueirão,
o seu negócio é vender
farinha, milho e feijão,
assim mesmo no mercado
não pode estar socegado,
nem se livra do pagode,
por onde ele vai passando
o povo fica gritando:
Seu Miguel, me compre um bode!

Lição do pinto

Vamos meu irmão
a grande lição
vamos aprender,
é belo o instinto
do pequeno pinto
antes de nascer

O pinto dentro do ovo
está ensinando ao povo
que é precizo trabalhar,
bate o bico, bate o bico
bate o bico, tico, tico,
pra poder se libertar

Vamos minha gente
vamos para a frente
arrastando a cruz,
atráz da verdade
da fraternidade
que pregou Jesus

o pinto prezioneiro
pra sair do cativeiro
veve bastante a lutar,
bate o bico, bate o bico,
bate o bico, tico tico
pra poder se libertar

AQUI TEM COISA

Se direito temos
todos nós queremos
liberdade e paz,
no direito humano
não existe engano
todos são iguais

O pinto dentro do ovo
aspirando um mundo novo
não deixa de biliscar,
bate o bico, bate o bico,
bate o bico, tico tico
pra poder se libertar

Bertulino e Zé Tingó

Zé Tingó – meu bom dia, Bertulino,
como vai meu camarada?
já faz uns pouco de dia
que eu ando em sua pisada
com muito coidado e pressa
fiz até um premessa
pra não vortá sem lhe vê
e vou logo lhe avisando
eu ando lhe precurando
mode prosa com você

Bertulino – Pois não amigo Tingó,
agora nois vamo a ela
vai já incontrá um texto
que dá na sua panela,
vou preguntá pra você
e tem que responde,
se é poeta porfundo,
e rima sem quebra pé,
vá me dizendo quá é
a coisa maió do mundo

Zé Tingó – Bertulino esta pregunta
te respondo muito bem,
das coisa que anda sem fôrgo
a mais maió é o trem,
mas porém de bicho vivo,
vou lhe fala positivo,
o que eu conheço hoje em dia
e agora to lembrado,
é o boi zebu raciado
do Coroné Malaquia

BERTULINO – Zé Tingó eu nunca vi
tão tolo assim como tu,
a coisa maió do mundo
não é trem nem boi zebu,
colega, a coisa maió
e também a mais mió
eu vou **lhe** dizê quá é
sem demorá um sigundo,
a coisa maió do mundo
é o grande amô da muié

ZÉ TINGÓ – Eu não creio, pois a minha
tem um gêno munto mal,
já bateu até em mim
com um pedaço de pau
me tratando com rigô,
isto assim não é amô
amô assim nimguém qué,
hoje eu me jurgo perdido
pruque andava inludido
com trapaça de muié

BERTULINO – Tingó o cabra valente
que briga com dois ou três,
tando perto de muié,
briga até com cinco ou seis,
arguém diz que é valentão,
pula de faca na mão
faz medo e faz rapa pé,
mas porém tudo é bobage
o home só tem corage
com grande amô da muié

ZÉ TINGÓ — Vou lhe mostrá um ixempro
eu ví o Chico Mutuca
rapaz bom e de prestigio
que nunca gostou de infuca
amô a uma donzela,
ela rapou-lhe a canela,
deu nas venta com os pé
e foi triste o risurtado,
ele morreu infrocado
por causa desta muié

BERTULINO — Também lhe mostro um ixempro,
eu vi o velho Jacó
cacumdo, triste e bizungo
pruque não tinha um chodó,
mas topou uma cabrocha
com os dois oio de tocha
e a sua fala de mé,
e hoje o veio anda linhêro
todo ingomado e no chêro
com o grande amô da muié

ZÉ TINGÓ — O que eu sei é que a muié
de seu Mané Cajuêro
pegou com sarto de bode,
fugiu com um miçangueiro
e sabe o que aconteceu?
seu Mané indoideceu
da vida perdeu a fé
hoje o mizerave tá
lá no azí da capitá
por causa dessa muié

BERTULINO – Tingó, rnuié tem milagre
o rapaz do Zé Vimvim
andava triste e calado
tudo pra ele era ruim
a vida não tinha graça
só vivia na framaça
de um dotô de munta fé
e o remedo não deu jeito,
mas ficou bom e perfeito
com o grande amô da muié

ZÉ TINGÓ – Eu não lhe duvido não
muié tem umas mistura,
a muié é como veneno
muié mata e muié cura
tem a bonita e mais feia,
delas manda como uveia
e outras como o jacaré,
porém já conheço a fundo
que os dismantelo do mundo
é por causa de muié

BERTULINO – Zé Tingó, o dinhêro é grande
com ele tudo se anima,
mas o amô da muié
derruba e passa por cima,
o trabaladô da roça,
o vagabundo da troça,
o dotô e o coroné
tudo isto que eu to falando
só é feliz incontrando
um coração de muié

ZÉ TINGÓ — Argum pode ser feliz,
porém outros corre istreito
porque neste mundo tem
coração de todo jeito,
todo vivente do chão
tem por certo um coração,
até mesmo a cascavé
e por isto eu penso assim,
mora munta coisa ruim
no coração da muié

BERTULINO — Nimguém fale de muié
seja lá que muié fô,
ela foi sempre no mundo
jóia de grande valô,
deme dos tempo de otrora,
veja que Nossa Senhora
se casou com São José
e com isto se conhece
que até o santo obedece
ao grande amô da muié

ZÉ TINGÓ — Porém Eva era medonha,
era doida e sacudida,
teimou com Deus e comeu
uma fruita improibida
e ao seu marido ofereceu
e o pobre quando comeu
que dá miséra deu fé
saluçou de arrependido
e o mundo ficou perdido
por causa desta muié

BERIULINO — Colega, nunca istudel,
eu não sei lê nem contá,
mas porém muntas vez
pego sozinho a pensá
que a terra e sua montanha
com a grandeza tamanha
do má com sua maré
e do mundo a redondeza,
ainda não tem grandeza
iguá o amô da muié

ZÉ TINGÓ — Bertulíno, é seu ingano,
oi minha comparação,
a muié é como a arapuca
e o home é como o cancão,
o cancão vê a arapuca
e pega naquela infuca
e mexe e remexe até
que fica prezo e sujeito
pois é deste mesmo jeito
o bem querer da muié

BERTULINO — Mas meu colega Tingó,
tu bem pode avaliá
que uma cabôca bonita
com os oio de venha cá,
dêxa o cabra sugigado,
eu Já tenho maginado
que até mesmo o luçufé
que anda procurando as arma,
se alvoroça e perde a carma
vendo as arma da muié

Zé Tingó – Colega vamo dêxá,
nem eu nem você tem sorte
pruque questão de muié
só quem resórve é a morte,
dicidí é impossive,
neste assunto imcompressive
cada um diz o que quer,
e até logo Bertulino,
grosadô veio mofino
aduladô de muié.

Pergunta de moradô

(*Geraldo Gonçalves*)

Meu patrão não tenho nada
e o Sinhô de tudo tem,
porém a razão de cada
é coisa que nos convém,
meu Patrão tem bôa vida,
tem gado e loja surtida,
farinha, mio e fejão,
já eu não pissuo nada
vivo de mão calejada
na roça de meu Patrão

Meu patrão seja sincero
seja firme,honesto e exato,
dizendo assim eu não quero
metê a mão no seu prato,
o que eu disejo sabê
sem medo e sem impressão
me seja firme e sincero
lhe juro como não quero
usá de tapiação

Fale séro sem tapiá
certo oomo ixatidão,
que é que meu Patrão fazia
se eu passasse a sê Patrão
e o meu Patrão de repente
tomasse minha patente
de cativo moradô?
morando em uma paioça
trabaiando em minha roça
sendo o meu trabaiadô?

E enquanto no meu roçado
tratando do meu ligume
me visse todo equipado,
todo pronto de prefume
entrá pra dentro de um carro
fumando um belo cigarro
sem oiá pro sacrificio
e o slnhô se acabrunhando,
trabaiando, trabaiando,
acabando meu sirviço?

Que é que meu Patrão fazia
nestas condição assim
trabalando todo dia
num sacnficio sem fim?
me vendo num palassête
saboreando banquete
daqueles que o sinhô come
e o sinhô no meu roçado
trabalando de alugado
duente e sofrendo fome

Que é que meu Patrão fazia
se fosse meu morado
trabaiando todo dia
bem por fora do valô,
sem obter rizurtado
daquele grande roçado
onde tanto trabaiou
peço que não se desgoste
e por favô me resposte
o que fazia o Sinhô?

Resposta do Patrão
(*Patativa do Assaré*)

o que você perguntou
pobre e infeliz agregado,
com a resposta que dou
ficará mais humilhado,
se você fosse o Patrão
e eu na sua sujeição
seria um estado horrendo
o meu grande padecer
e teria que fazer
o que você está fazendo

Porém eu tenho cuidado,
meus planos sempre são certos
e o povo tem um ditado
que o mundo é dos mais espertos,
eu era um menino pobre
porém arranjava cobre
no meu papé de estradeiro,
esta tal honestidade
é contra a felicidade
de quem quer juntar dinheiro

Na vida de mixirico
tirei primeiro lugar,
fui o leva e tráz do rico
que vive a politicar,
quando fiado eu comprava,
depois a conta negava
e nunca me saí mal
e pra fazer mão de gato
em favor do candidato,
já fui cabo eleitoral

Roubar no pezo e medida
sem o freguês conhecer
foi coisa que em minha vida
nunca deixei de fazer,
com a minha inteligência
repleta de experiência
eu sempre me saí bem
e assim eu fui pelejando,
me virando, me virando
e hoje sou rico também

Tenho fazenda de gado,
tenho grande agricultura
e é a custa do agregado
que eu faço grande fartura,
toda vida eu me preparo
para sempre vender caro
e sempre comprar barato
e o voto dos moradores
que são os meus eleitores
eu vendo ao meu candidato

AQUI TEM COISA

Hoje sou homem do meio,
tenho nome no jornal,
tenho carro de passeio
e frequento a capital,
se um homem ao outro explora,
isto nimguém iguinora,
é fraqueza da matéria
e você, pobre agregado,
tem que me escutar calado
e se acabar na miséria

Me pergunta o que eu faria
se fosse o seu morador
trabalhando todo dia
bem por fora do valor
e pergunta com o gesto
de quem é correto e honesto,
porém você está sabendo
que em minha terra morando
passa a vida me pagando
e vai morrer me devendo

Com a minha habilidade
eu me defendo e me vingo,
contando a minha verdade
acabo o seu churumingo,
quando você perguntava
achou que me encabulava
com o seu grande clamor,
mas tomou errado o bonde,
é assim que Patrão responde
pergunta de morador.

Cada um no seu lugar

O caçaco, de cabreiro
vive vagando aos pinotes
e como não tem dinheiro
leva no bolso os filhotes

O vagalume inocente
fazendo suas defesas,
leva sempre em sua frente
duas lanternas acezas

A lição bastante amiga
que precizamos tomar
é na escola da formiga
ensinando a trabalhar

Diz o môcho em seu recanto:
nada aqui acho esquizito,
por aqui eu mesmo canto
para eu mesmo achar bonito

Diz a preguiçosa lesma
ezibindo o caracol:
minha vida é sempre a mesma,
não temos chuva nem sol

E a mosca, toda vaidoza,
sobre a carniça dizendo:
não há comida gostosa
igual a que estou comendo

Diz o sapo: dor e mágua
minha vida não encerra,
quando não quero está na água,
vou passear pela terra

Diz o beija-flor contente:
faço o que outra ave não faz,
eu sei voar para a frente
e **sei** voar para tráz

Diz a aranha previnida:
sou feliz na vida minha,
têço até ao fim da vida
sem nunca me faltar linha

A TERRA É NATURÁ
(*Aos Sem Terra*)

Senhô Dotô, meu ofiço
É seví ao meu Patrão,
Eu não sei fazê comiço,
Nem discurso e nem sermão
Nem sei a letra onde mora,
Mas porém eu quero agora
Dizê com sua licença
Uma coisa bem singela
Que a gente pra dizê ela
Não preciza de sabença

Se um pai de famia **honrado**
Morre dêxando a famia,
Os seu fiinhos adorados
Por dono da moradia
E aqueles irmãos mais veio
Sem pensá nos evangeio,
Revortado a toda hora
Lança da inveja o veneno
Até botá os mais pequeno
Daquela casa pra fora

Disto tudo o rizurtado
Seu dotô sabe a verdade,
Pois logo os prejudicado
Recorre às oturidade
E no chafurdo infeliz
Depressa vai o juiz
Fazê a paz dos irmão
E se ele for justicêro
Parti a casa dos herdêros
Pra cada quá seu quinhão

Seu dotê que estudou munto
E tem boa inducação,
Não iguinore este assunto
Da minha comparação,
Pois este pai de famia
É o Deus de soberânia
Pai do Sinhê e pai meu
Que tudo cria e sustenta
E esta casa representa
A terra que ele nos deu

O pai de famia **honrado**
A quem tê me refirindo
É Deus nosso pai amado
Que lá do Céu tá me ôvindo,
O Deus justo que não erra
E que pra nós fez a Terra
Este praneta comum
Pois a terra com certeza
É obra da Natureza
Que pertence a cada um

Se a Terra foi Deus quem fez,
Se é obra da Criação,
Deve cada camponês
Ter um pedaço de chão,
Quando um agregado solta
O seu grito de revolta,
Tem razão de reclamá,
Não há maió padicê
De que o camponês vive
Sem Terra pra trabaiá

Esta Terra é como o Só
Que nasce todos os dia
Briando o grande e o menó
E tudo que a Terra cria,
O Só quilareia os monte
Também as água da fonte,
Com a sua luz amiga
Potrege no mesmo instante
Do grandaião elefante
À pequenina formiga

Esta Terra é como a chuva
Que vai da práia a Campina,
Móia a casada, a viúva,
A véia, a moça e a menina,
Quando sangra o nevoêro
Pra conquistá o aguacêro
Nimguém vai fazê fuchico,
Pois a chuva tudo cobre,
Móia a tapera do pobre
E a grande casa do rico

Esta Terra é como a lua,
Este foco patreado
Que é do campo até à rua
A lampa dos namorado,
Mas mesmo a véios cacumdos
Já com ar de moribumdos,
Sem amor e sem vaidade,
Esta Lua cor de prata
Não lhe deixa de ser grata,
Lhe manda qui laridade

Esta Terra é como o vento
O vento que por capricho
Asopra as vez um momento
Brando fazendo cuchicho
E outras vez vira o capêta,
Vai fazendo pirueta
Romcando com dizatino,
Levando tudo de móio,
Jogando arguêro nos zóio
Do grande e do pequenino

Se o orguiozo pudesse,
Com seu rancor dismedido,
Talvez até já tivesse
Este vento repartido,
Ficando com a viração,
Dando ao pobre o furacão,
Pois sei que ele tem vontade
E acha mesmo que preciza
Gozá do frescô da briza
Dando ao pobre a tempestade

Pois o vento, o Só, a Lua,
A chuva e a Terra também,
Tudo é coisa minha e sua,
Seu Dotô conhece bem,
Pra se sabê disto tudo
Nimguém preciza de istudo,
Eu sem escrevê, nem Lê,
Conheço desta verdade
Seu dotô tenha a bondade
De ôví o que eu vou dizê

Não invejo seu tisôro,
Suas mala de dinhêro,
A sua prata e seu ouro,
O seu boi e o seu carnêro,
Seu repôzo e seu recreio,
Seu bom carro de passeio,
Sua casa de morá
E a sua loja surtida,
O que eu quero nesta vida
É terra pra trabalá

Esçute o que eu tô dizendo,
Seu dotô, seu coroné,
De fome tão padicendo
Meus fio e minha muié,
Sem briga, questão, nem guerra,
Messa desta grande Terra
Uma tarefa pra eu,
Tenha pena do agregado,
Não me dêxe dizerdado
Daquilo que Deus me deu

AQUI TEM COISA

AO ARTISTA ROLANDO BOLDRIM

Sodade dentro do peito
é quá fogo de monturo,
por fora tudo perfeito
por dentro, fazendo furo

Boldrim, tu fique ciente
que mesmo vivendo ozente
como tê vivendo aqui,
tenho na mente guardada
aquelas hora animada
que eu passei no Som Brasí

Tu, grande artista Boldrim
agrada achancho, a Martim
alegra anão e gigante
faz rí o sabido e o bôbo
o que faz na TV Globo
faz tambem na Bandeirante

Quando o teu progama escuto
meu coração de matuto balanga
e treme de amô,
não é o nome do programa
que ao mesmo dá graça e fama
e sim o apresentador

Teu Emporo Brasilêro
é de riqueza um celêro
que eu mesmo não sei dizê,
faz entrá no meu sintido
um mundo desconhecido
que muita gente não vê

Esta fonte de riqueza
de beleza e de pureza,
pra muntos não vale nada,
mas pra mim vale um tesôro
tem mais valor de que o ouro
de toda a Serra Pelada

Meu grande e modesto artista
tu atrai, prende e conquista,
da cultura é grande meste,
eu nunca ví como tu,
pesquiza as coisa do Sú
e as coisa do meu Nordeste

Tu é o nosso garimpêro
que no emporo brasilêro
apresenta com amo
joia de simplicidade
que a tá de civilidade
ainda não maculou

Seu progama populá
de beleza naturá
tem munta peça inocente
sem a manipulação
desses dôtô sabidão
que roba as coisa da gente

Continui fazendo assim
meu camarada Boldrim,
meu colega e meu irmão
conserve o nosso folclore
para que nunca descore
as rosa da tradição

AQUI TEM COISA

ILUSTRISMO SENHÔ DOUTÔ

Disêjo primêramente
que o sinhô teje a gozá
a vida mais incelente
dos dotô da capitá
depois peço a senhoria
pra lê esta poesia
de um poeta do sertão
e se achar que eu caio em farta
lhe remetendo esta carta
peço disculpa e perdão

Mas porém vou lhe contá
as coisa aqui como é,
sou fio do Ceará,
nascí aqui no Assaré,
mas porém Deus que é bondoso,
é misericordioso
e é protetô muito ixato,
graças a bondade sua
não nasci dentro da rua
foi aqui mesmo no mato

Eu criei-me entre as mutuca
andando neste biboque
onde a gente arma arapuca
e se atira de badoque,
onde a mansa rôla chora
e se escuta a toda hora
o gaipiá do novio
e onde a ribusta cablôca
tráz um cigarro na boca
feito de paia de mio

150

Aqui a serra e o sertão
a maió pobreza incerra,
mas reina paz e união
nimguém conversa na guerra,
aqui os agricultor
e também os caçadô
pra se livrá dos istrepe
em vez calçar sapato
anda na roça e no mato
de alpragata currulepe

Nesta bôa terra nossa
quando é tempo de invernada
bota girmum chega a roça
fica toda encaroçada,
melância nimguém conta
pra todo lado se encontra
uma fartura tamanha,
a gente goza um prazer
que eu sou capaz de dize
que o paraizo não ganha

Não sendo em tempo de fome
sinhô doutô pode crê,
nesta terra o cabra come
até a barriga inchê,
nem carne nem macarrão,
mas porém mio e fejão
e farinha é a vontade,
nimguém come de ração
como se faz na pensão
lá das rua da cidade

AQUI TEM COISA

Eu não tô fazendo pôco
lá da sua capitá,
mas quando um pobre caboclo
tem precizão de andá lá,
se não levá sua rede,
drome no pé da parede,
muntas vez o pobre até
sofrendo dô de cabeça
mas não há quem lhe ofereça
uma chirca de café

Pois aqui sinhô doto
chegando um home de lá
tem comida a seu favo
sem precizá de comprá,
o matuto com prazer
ante mesmo de sabe
como o tal home se chama,
tira um capão do xiquêro
nem que seja o derradêro
da muié comê na cama

E enquanto prepara a bóia,
o doutô ingruvatado
se deita em uma tipóia
mesmo de pé espaiado
e menino ali não fala
nem nimguém piza na sala
pra ele pudê drumí
é assim que a gente trata
estes home de gruvata
quando chega por aqui

o povo todo percebe
que os home sabido e grande
por lei nenhuma não bebe
água em caneco de frande,
por isto o povo daqui
gosta de se priviní
não se esquece de guarda
um belo copi de vidro
pra esses doutô sabido
que chega da capitá

Tô lhe contando a certeza
das coisa do meu sertão,
aqui ninguém tem riqueza
mas porém tem munta ação
e nimguém usa pagode
tudo fala como pode,
nimguém sabe, nimguém erra,
ah! seu doutô só queria
que o sinhô viesse um dia
vê um São João nesta terra

Quem é que escuta e não goza
numa noite de São João
uma toada sedosa
do caboco do sertão?
a gente uvindo a toada
sente a arma apaxonada
e o coração dando sôco
querendo saí pra fora
promode uví a sonora
da viola e do caboco

O sinhô pense e repare
o que eu lhe digo é exato
não tem como que se compare
um São João aqui no mato
o sertão é todo em festa
coisa boa como esta
nimguém pode avaliá
não há neste mundo intêro,
nem no Rio de Janeiro
na festa de carnavá

Seu doutô venha da praça
em junho aqui pro sertão
pra sabê como tem graça
uma noite de São João
Vossimicê expremente
prumode ficá ciente
as cabloca como é,
elas tem um certo agrado,
um oiá tão delicado
que a gente fica paié

É uma coisa animada,
eu lhe digo e testimunho,
naquela noite animada
vinte e três do mês de junho,
todas foguêra briando
é mesmo que está se oiando
um milhão de vela aceza,
o saibo que munto escreve
eu penso que não se atreve
discrevê tanta beleza

E os poeta de vantagem
deste mundo bem de longe
como Mané de Bocage
e Seu Luís de Camonge,
talvez não se astreva ainda
cantá tanta coisa linda
do meu amado torrão,
principalmente no dia
do festejo de alegria
da foguêra de São João

Sempre digo e tô ciente
não há poeta que saba
não tem tintêro que agüente
nem vejo papé que caba,
por isto mesmo é que vou
maginando em seu doutê
meu assunto treminá,
peço que vá discupando
a carta que tá ficando
tão grande como um jorná.

BIOGRAFIA DE SANSÃO

Sansão nasceu no Japão
por meio de uma fratura,
sua Mãe era Maria
Filostomina Ventura,
seu Pai, João Pitolomeu
e o seu Avô Galileu
ETC rapadura

Com trinta ano de idade
batizou-se na Suissa,
a premêra comunhão
fez no quartê da poliça,
com istudo incognoto
foi ele o maior devoto
pregador da má notiça

Pesava trezentos quilo
na balança da impreza,
sem imaginar nem pensar
de tudo tinha certeza
e com cachaça e vinagre
sabia fazer milagre
cronta a lei da Natureza

Por causa de certa coisa
não tinha vida tranquila,
pra controlar os seus nervo
tomava ingeção e pila,
com os dois óio incarnado
afobado e apaxonado
pelo o amor de Camila

Passou seis ano acamado
sofrendo febre bubona
e quando recuperou
com azeite de mamona,
como quem faz um brinquedo
iscagãou com um dedo
as Torre de Babilona

Sem nunca ter istudado
sabia lê e escrever,
com paciência de lobo
não podia se conter
vivia sempre a teimar
com dois fio naturá
que ele arranjou sem querer

Pra distraí sua vida
pescava piaba em Cuba,
e quando ele viajava
com seu cabelo de Juba,
passando em Carpanaum
sempre quebrava o jejum
com pirão de macaúba

Com oitenta ano de idade
fumou o premêro cigarro,
se empregou num butiquim
pra fazer peça de carro,
fez çambito e fez camgaia
e ganhou quatro medaia
fazendo prato de barro

Passou quando era rapaz
cento e dez ano na Russa
imcaminhando os doto
no progama das artuça,
lá foi prezo e argemado
divido ser sensurado
num rôbo de carapuça

Quando fugiu da prizão
foi bater lá no Egito
montado em um burro brabo
que lhe deu São Binidito
com o seu saber porfundo
na independença do mundo
deu lá o premero grito

Foi nas terra do Egito
campeão de futibó
e além de pescar no Nilo
piau, traíra e corró,
pra fazer chave e ferroio
catava purga e pioio
na barba de Faraó

De gripe farsificada
seu nariz vivia cheio,
mas não ia ao consurtoro
e nem tomava conseio,
mode curar o seu gôgo
tomava banho de fogo
na águas do mar vremeio

Quando saiu do Egito
com Rabeca a sua irmã,
foi tratar de agricurtura
na terra de Canaã.
ali quase se **arrebenta**
prantou dez mil e seisenta
tarefa de mucunã

Já veinho e fracassado
andando de quatro pé
de Nazaré a Belém,
de Belém a Nazaré,
com medo de Jesto e Dima
morreu de perna pra cima
pindurado num trapé.

Meu premêro amor

Meu distinto cidadão
é chegada a cazlão
hoje aquI neste salão
eu quero se for posslve
a sua licença agora
pra eu contá meia hora
contando uma grande histora
do premêro amor que eu tive

Eu penso que **vaminsê**
já deve bem conhecê
um casebe que se vê
no caminho do Toá
tem uma roça premêro
com grossa mata no acero
e por ciná no terrêro
tem um pé de jatobá

Pois bem, aquela paioça
ao lado daquela roça
junto aquela mata grossa
foi otrora meu prazer,
aquela veia casinha
era a doce ilusão minha
um tal encanto ela tinha
que eu não sei nem lhe dizê

Mas hoje aquele casebe
quando meus oio precebe
o meu coração recebe
um gorpe de grande dô,
pruque naquela paioça
ao lado daquela roça
junto aquela mata grossa
nasceu o meu premêro amor

Ali nasceu Margarida
tão mimosa e tão querida
a vida de minha vida
e dos meus sonhos a visão,
era uma Iindra caboca
que como aquela bem pouca,
tinha um risinho na boca
de doê no coração

O seu amor era eu só,
não queria outro chodó,
podia vim seu Majó
que ela não dava **tensão**
dizia que estes gaiatos
de gruvata e de sapato
só ama as moças do mato
prumode fazê treição

Eu também muito lhe amava
e tanto dela gostava
que um só dia eu não passava
sem andá na casa dela,
a gente sempre se via,
quando ela não vinha, eu ia,
o bem que ela me queria,
o mesmo eu queria a ela

Meu prazer maió da vida
era oiá pra Margarida
aquela fulô querida
que tanto prazer me deu,
o que é bom nimguém injôa
mas a coisa quando é boa
passa depressa que avôa,
deste jeito aconteceu

No ano de trinta e um
no sertão dos Inhamuns
quase não houve girmum,
mas deu mio e deu fejão
tudo satisfeito tava
o povo todo brincava
de noite o samba roncava
em todo nosso sertão

Não choveu constantimente
perdeu-se alguma semente,
mas tava tudo contente,
o ano até não foi mal,
como havia bom disejo
no bom povo sertanejo
se fez um grande festejo
no lugá São Nicolau

Pra festa foi todo mundo
até mesmo o vagabundo
menino, veio cacumdo,
home casado e rapaz,
foi o pobre e foI o rico
e ali não houve fuxico,
fofoca nem mixirico,
brincaram na santa paz

Neste festejo incelente
eu cantei muito repente
tava fofo de contente
com Margarida de lado,
pois me responda o slnhô
qual é este cantadô
que perto do seu amor
não canta desemrolado?

Eu lá cantei animado
sete dia incarriado
e não era decorado,
cantei tudo de cabeça
ô festa bôa dos diabo
cantei que quase me acabo,
quarta, quinta, sesta, sabo,
dumingo, sigunda e têça

Foi festão de arrancá tôco,
só se uvia era o pipôco;
as torcêra de caboco
vinha com mais de três légua
de tudo a gente incontrava,
comia do que gostava,
com dois tustão se comprava
um bôlo que era um paidégua

Mas porém veio depois
o ano de trinta e dois
não deu mio, nem arrois,
nem girmum e nem fejão,
o pobre do Ceará
que não quís se retira
foi precurá iscapá
dentro da Concentração

Eu fiz uma opinião
não fui pra Concentração
pra não comê da ração
dentro daquele tijuco,
em vez de comê de ismola,
preparei minha cachola
peguei a minha viola
e pizei pru Pernambuco

Ante de seguí viagem
percizava tê corage
pra dizê a lindra image
que eu ia dexá o sertão,
embora que eu fosse vê
ela chorá pra morre
precizava lhe dizê
a minha resolução

Pois ela ainda se achava
na paloça onde morava
pruque seu pai trabaiava
e não era home vadio,
tinha um pôco na cosinha
de arrois, fejão e tarinha
e no paió inda tinha
umas ispiga de mio

Eu fui com muito respeito
mim fingindo satisfeito
percurando todo jeito
pra podê me dispidí
mas Margarida, coitada!
vendo eu de mala arrumada
fez uma grande zuada
pedindo mode eu não í

— Por Deus, por Nossa Senhora,
meu amor não vá se embora
tenha mais uma demora,
vamo iscapá por aqui
me pedia e me rogava
não lhe disse que ficava
pruque do jeito que eu tava
era obrigado a partí

Mas jurei de coração
que nesta separação
com muita satisfação
eu lhe mandava de lá
uma carta ou um biête
e depois do ripiquête
vortava como um foguête
mode a gente se casá

Ela sabendo que eu ia
quage nem falá pudla,
sua rôpa istremecia
no supapo do saluço
e eu já pra não reslstí
sintía o sangue fugi,
mas o jeito era parti
não havia outro ricusso

Disse adeus a Margarida
dexei a minha querida
e fiz a minha partida
trespassado de disgosto
e ela ficou na latada
numa furquia encostada
chorando desconsolada
com as duas mãos no rosto

Eu saí bem vagarôzo
tão triste e tão dlsgostoso
como o sordado medroso
que vai machando pra guerra,
sê pruque ali ficava
quem por mim tanto chorava,
a moça que eu mais amava
no sertão de minha terra

Passava do meio dia,
tanta quentura fazia
que as vez na venta eu sentia
como um chêro de isturrico,
o só era tão ardente
e as areia era tão quente
que parecia que a gente
pizava em braza de angico

Caminhei e caminhei
na Serra Grande cheguei,
com três dia discambei
a ladêra das guariba,
foi isto no mês de Março
daquele ano tão iscasso
que obrigou muito ricasso
ficá de cara pra riba

Entrei na ôtra semana
na terra Pernambucana,
uma sodade tirana
de Margarida eu sintia,
acordado-eu me lembrava
e se eu drumia sonhava,
quanto mais dia passava
mais a sodade criscia

No acêro daqueie Estado
tava tudo afregelado
o povo todo apertado
sem jeito com que passa
e eu vendo esta percizão
cacei ôtra dereção,
atrevessei o sertão,
fui batê no litorá

Lá percizão não havia,
com a minha cantoria
não se passava um só dia
que as coisa eu não arranjasse,
só não tinha Margarida
a estrêla de minha vida,
mas relativo a comida
tudo pra mim era face

Topei muntos cantadô,
como bem, Migué Bidô
Bem-ti-vi, Beija-Fulô,
e um tal de Chico Tamanca,
tinha também Curió,
Passo preto, Rixinó
Peitica, José Socó
e o Mané cabeça branca

Quage tudo era de cá
de Paraiba e Ceará
que andava atráz de escapa
da grande afregelação,
cantando nos instrumento
mode ganhá o alimento
com medo do sofrimento
da crué Concentração

AQUI TEM COISA

O tal de Migué Bidõ
era cabra cantadô,
mas também ele topou
um poeta resorvido,
sempre onde nois se encontrava
um desafio cantava
chega o pessoá ficava
tudo de quêxo caido

Era uma grande fulia
de animada cantoria
porém não tinha alegria
o meu pobre coração
pruque vivia afastado
do meu amor adorado
que eu aqui tinha dexado
na paioça do sertão

Bem sabe vossimicê
que a pessôa que se vê
ozente de um bem quere
nada pode disfruitá,
só não pode sê assim
quando é um sujeito rim
dos que veve com moitim
e não sabe o que é amá

Pra tudo o mundo tem gente
tem pessoa que não sente
a chama do amor ardente
no coração atiçada,
porém o cabra poeta
quando a lembrança encasqueta
se arvoroça e só se aqueta
quando vê a namorada

Por isto eu fiz o meu prano
é quando se findou o ano
dexei os Pernambucano
da terra do litorá
e vortei munto apressado
com a viola de lado
fedendo a chifre queimado
no rumo do Ceará

Sapequei o pé na estrada
sem prestá tensão a nada,
as vez eu dava topada
chêga saía de venta,
porém não sintia dô
pruque bem sabe o sinhô
que a percura de um amor
tudo com gosto se aguenta

Eu não vou contá vantage
nem digo por pabulage
mas trazia da viagem
cinco nota de quinhento
que dava mode compra
chegando no Ceará
chapéu, sapato, inchová
e os ané do casamento

Com tanta sodade eu tava
que até de noite eu andava,
é tanto que eu já me achava
com o meu corpo doído,
mas quem ama não se aperra,
subi serra discí serra
e afiná cheguei na terra
do meu Ceará querido

Zombando dos aperreio
de paxão eu vinha cheio,
chegando naqueles meio
do caminho do Toá
de um tabulêro que tem
eu avistei munto além
ria paioça do meu bem
a copa do jatobá

Passei pelo tabulêro
munto apressado e ligêro
quando cheguei no terrêro
ví as porta escangaiada,
entrei logo na casinha
fui da sala pra cosinha
e cacei na camarinha
nem Margarida nem nada

Virei mixí e não ví ela
nem sua mãe Filisbela,
nem também vi o pai dela
o véio José Henrique
tava tudo arrivirado
da casa até no cercado,
fiquei tão agoniado
que me deu um trimilique

A paioça arrudiei
e nem os rasto incontrei,
neste momento chorei
como chora um disvalido,
não podendo me conter
percurei logo sabê
mas nimguém sobe dize
o que tinha acontecido

Apenas alguém contou
que quando a fome apertou
seu Zé Henrique pensou
e viu que não tava bem,
se achando desprevinido
ficou dizaprecibido,
saiu de casa escondido
sem dizê nada a nimguém

Não sei onde eles entraro
pruque carta não dexaro
com certeza viajaro
pras terra do Maranhão,
perdi a minha querida
vou chorá por toda vida
quem sabe se Margarida
não já morreu de cezão?

É muito triste esta historia
que tenho em minha mimora,
por isto patrão agora
quêra o sinhô discupá
bem sabe vossa incelença
que é crué a dor da ozença
por isto me dê licença
pra fazê ponto finá

O sinhô vá discupando
pois nesse ponto eu chegando
as rima vai se acabando
e tudo é dificurdade,
a viola desemtôa
e a cachola fica atôa
pruque não há dor que doa
como a dor de uma sodade

AQUI TEM COISA

Ferruada de lacraia,
de maribomdo e de arraia
doi chega o cabra dismaia
e bizôro mamgamgá
também doi que faz horrô
pérém não doi como a dor
da sodade de um amor
que se foi pra não vortá

O CAÇADÔ

Seu Guarda, sua incelença
aqui tem franca licença
não tem de que se acanhá,
se o Sinhô é empregado,
tem seu dereito sagrado
dos pote fiscalizar

Mas talvez nesta giene
o sinhô não invenene
os pote, pois a muié
ajeita a todo momento
e bota piaba dento
mode não criá marté

Entre, mas tenha coidado,
pois meus cachorro é zangado
pode istranhá meu patrão,
lá vem um se arrupiando,
o bicho tá lhe estranhando,
vai te aquetá, tubarão!

É o Tubarão e o Gigante
morreu o véio Elefante,
que até de pena chorei,
ô cachorro bom dos diabo!
trezentos e tantos rabo
de tatu dependurei

Ele não timia a nada
e nunca perdeu caçada,
era muito acoadô,
meu Elefante, coitado
me deu munto rizurtado
na vida de caçadô

Estes dois também acôa,
tenho feito noite bôa
que não percizo mió,
são dois companhêro izato,
eu onte truxe do mato
dois peba e dois lapixó

Sinhô Guarda eu vou caçando,
a minha vida levando
com meus cachorro fié,
com eles nada mim inbraça,
só não mato munta caça
quando a Caipora não qué

A Caipora é quem é dona
das caça e não abandona,
pois as caça é suas rez,
sem ela querê por certo
o caçadô mais isperto
nunca resurtado fez

Assim como o fazendêro
tem bode, gado e carnêro
e mais outras criação,
a Caipora com certeza
é quem faz toda defesa
das caça pelo sertão

É quem as caça defende
e quando a Caipora intende
dos cachorro trapaiá,
o mato fica isquizito
e o caçadô fica afrito,
não mata nem um preá

O que eu lhe digo é exato,
tô véio de vê no mato
estas feia arrumação,
mas nunca fui assombrado
e até já tenho caçado
na Chapada do Ispigão

Seu Guarda aquela Chapada
do Ispigão é assombrada
que eu não sei nem lhe dizê,
lhe juro por Jesus Cristo
como de lá tenho visto
muntos caçadô corrê

As vez os cachorro arenga
e pega numa istrovenga
na mais doida confusão,
correndo no tabulêro
como se fosse um vaquêro
na pega de um barbatão

Outras vez cachorro apanha
que o grito vem da montanha
zuando nos cafundó
, e a gente vendo de perto
tudo declarado e certo
a lapada do cipó

AQUI TEM COISA

Porém os ispaiafato
que aparece pelo mato,
nunca, nunca me assombrou,
pra isto eu sou muito forte
e só deixo com a morte
a vida de caçadô

Mede sustentá a famia
passo a noite e de dia,
sou obrigado a caçá
do sertão até a serra,
é bem pouca a minha terra
não tenho onde trabaiá

Eu perdi mais da metade
da curta popriedade
que eu herdei do meu avô,
o Coroné Macelino
com seu instinto ferino,
sem que nem praque tumou

Sem briga questão nem zanga
fez ele uma grande manga
tão grande que faz horrô,
uma parte do terreno
que já era bem pequeno
dentro da manga ficou

Eu não fiquei satisfeito
e fui com munto respeito
falá com o Coroné,
mas porém ele zangado
ficou me atando de lado
com os oio de cascavé

Mode não havê sensura
levei a minha iscritura
porém nimguém se importou,
pois onde fala o dinhêro
o resto fica no acero
carimbo não tem valô

Eu vi que tava roubado
e vortei disconfiado
sem nada pudê fazê,
mas porém tê bem ciente
que se o inferno é mesmo quente,
ele vai se derretê

Com orguio e com ganança
confiscou a minha herança
sem tê compaixão de mim
bem dizia o Mané Chico
que o sujeito quando é rico,
quanto mais rico mais rim

Tive um prejuizo imenso,
mas porém guardei silenço
com o que me aconteceu,
pruque se eu falasse sero
lhe dizendo, eu quero eu quero
era mais pió pra eu

Se caso eu questionasse
e cronta ele falasse,
com certeza ia se dá
outra maió injustiça
arguém a minha carniça
ia no mato incontrá

AQUI TEM COISA

Por isto vivo caçando,
as injustiça agüentando
do jeito que Deus não quer,
no mundo eu só acho graça
em meus cachorro de caça
meus fio e minha muié

Só peço a Deus que na vida
nunca me farte a comida,
um bom armoço de amgú
feito de massa de mio
bem saboroso e sadio
misturado com tatu

Quero vivê afastado
deste mundo desgraçado
cheio de rôbo e questão,
eu aqui gozo bastante,
de um lado vendo o Gigante,
de outro lado o Tubarão.

Comí piqui e sonhei

Eu onte jantei fejão
temperado com piqui,
a mais mió refeição
das que eu como por aqui,
obrigado, Serra Grande,
que o bom Deus sempre lhe mande
a preciosa bonança,
a milagrosa fartura,
esta vegetá gordura
pra gente criá sustança

Mesmo que seja um pecado
da gula que os padre diz,
comi que fiquei quadrado
e sei que um pecado fiz,
fiquei torado de sede,
bibí água e fui pra rede
ia quage cochilando
e pro causa da comida
a mais mió desta vida
passei a noite sonhando

Vi a Serra de Santana
e eu de manga arregaçada
todo dia da semana
puchando o cabo da inchada,
iscutando os passarinhos
trabaiando nos seus ninho
e quando abria os seus bico
na mais bonita harmonia,
parece até que dizia:
Antonio, você tá rico!

AQUI TEM COISA

A tardinha pra morada
eu vortava com dispacho
com a camiza moiada
de suó de cabra macho
e depois de derrubar
dois prato de mumcuzá,
a noitinha no terrêro
todo contente e pachola
cantava em minha viola
Guriatã de Coquêro

Isto tudo eu vi ali
onde a passarada intõa,
só gordura de piqui
faz sonhar coisa tão boa,
sonhei indo com meu tio
viajando em um navio
ao Estado do Pará,
tudo o que eu iguinorava
o meu fio me ensinava
promode eu me **acostumá**

Eu e José montorí
o meu amigo e meu tio,
logo que chegava ali
e saia do navio
se socava na cidade
e ele cheio de bondade
fazia um **papé** bonito
me apresentando ao doto,
o Cratence, um escrito
José Carvaio de Brito

No meu sonho eu tava vendo
José Carvaio, um amigo
contente, rindo e dizendo
munto gracejo comigo

Você que agora chegou
do sertão do Ceará,
me diga, que tal achou
a cidade do Pará

E eu alegre respondia
sem saí da carritia

Quando eu entrei no Pará
achei a terra maió
vivo de bacho de chuva,
mas pingando de suó

Sonhei vendo o meu colega
José Rufino Garvão,
famoso no pega pega
do martelo e do morão,
Era a maió alegria
as noite de cantoria
aquele belo passado
tão bom e tão incelente
eu via tudo presente
no meu sonho apiquizado

AQUI TEM COISA

Vortava ao meu Assaré
daquele bonito Estado
no navio batizado
com o nome de Tapajé,
chegava todo contente
abraçando minha gente
e sempre de grau em grau
na poesia subindo,
novo, ribusto e rigindo
do jeito do ingém de pau

Sonhei que tava no Grato
e me avistava por lá
com o cidadão ezato
José Arrais de Alencar,
o meu maió protetor,
e ele com grande amo
e uma inducação fina,
sem inveja nem ciúme
pubricava o meu volume
Inspiração Nordestina

Andava no meu jeitão
de poeta agricurtô
rimando sem distinção
pra chapiado e dotô,
sonhei andando nas festa
na mais alegre palesta
com quem gostava de mim,
que o tempo nunca distrói
com Vicermo, com Elói,
Eudoro e dotô Lamdim

Sonhei meu belo passado
que de alegria parpita
eu indo bem animado
pra vê as muié bonita
das festa da ispusição
e lá tomava um pifão
e saía intranbecado,
adiante no chão tombei
neste momento acordei
e fiquei incabulado

Fiquei sem jeito e sem prano
ví o meu grande fracasso,
os meus oitenta e dois ano
iscanchado no ispinhaço,
de toda a minha inérgia
só me resta a poesia,
no resto tô fracassado
na base do abisurdo,
quage cego, quage surdo
e também quage alejado

Eu só tenho o rico dom
que me deu nosso senhor,
o resto tudo de bom
o tempo veio e levou,
até um sonho dourado
vendo a istrada do passado
quando acordei tava aqui
com esta carga de horrô
eu acho que agora vou
deixá ele comê piqui.

Inlustrismo sr. Elóia Tele

Seu Eláia, o locutô
perciza tê conciença,
por isto eu faço ao Sinhô
uma bôa adivertença
nesta carta populá
que segue pelo correio
lhe dando um grande conseio,
e o Sinhô deve tomá

Eu vejo que o seu progama
é o mió do Cariri,
tem audiença e tem fama
como iguá eu nunca vi,
lhe digo e tô quage certo
pra lhe conhecê de perto
qualquer dia eu chego ai

Gosto do seu Ceará
seu adorado torrão,
os versos que vem de lá
alegra o meu coração,
ligo o meu rádio cedinho
pra ouvi os passarinho
e as coisa do meu sertão

Aqui do meu Pioí
escuto a semana intera
mas tem uma coisa aí
que me dá grande cansêra,
eu não fico satisfeito
quando iscuto este sujeito
que fala na Sexta Fera

Seu Elóia, meu amigo,
não istrague a sua fama,
tenha medo de um castigo,
pode havê arguma trama,
tire esse home desta vaga,
quanto é,que o mesmo lhe paga
pra falá no seu progama?

Meu amigo me preceba
preza a sua locução,
tenha medo e não receba
dinhêro deste inbruião
que em vez de tá lhe ajudando,
ele tá é trapaiando
As Coisa do Meu Sertão

Isto ,assim não fica bem
repare que este tingó
toda Sexta Fêra vem
dizê uma coisa só,
mesmo que lhe pague caro,
não aceite esse salaro,
dispache este Brosogó

Esta sua falação
protesto teimo e rezimgo,
uvindo a repitição
toda Sexta Fêra eu ximgo,
pruque será que este besta
em vez de falá na Sexta
não fala Sabo ou Dumingo?

Observação já fiz
da falação corriquêra
e vejo que o que ele diz
não tem êra nem tem bêra,
muntos do meu Pioí
já dexaro até de uví
progama na Sexta Fêra

Seu Elóia o seu conseito
é de um mestre veterano,
porém com este sujeito
tá entrando pelo cano,
ele mora aí no Crato,
ou é um Cara do mato
querendo sê praciano?

Pelo bem que o Sinhô quer
a todo o seu Cariri
e o bem de sua muié
faça o que eu lhe peço aqui,
por Cristo nosso Sinhô,
pelo leite que mamou,
tire este doido daí
e disponha de João Zumba
poeta do Pioí.

Lições de um cego

Era o cego Zé Luis
de um pensamento porfundo
e talvez o mais feliz
dos cegos do nosso mundo,
implorava a caridade
pedindo por piedade,
porém nimguém lhe atendia
e ele em vez de entristecer
por nada ali receber,
constantimente sorria

Sempre ao lado do seu guia
de quando em vez, foi não foi,
quando uma esmola pedia,
chegava logo um perdoi,
o guia se encabulando
exclamava rismugando,
esmola aqui está custoza!
mas o cego Zé Luis
soltava muito feliz
uma rizada gostosa

Um cidadão abastado
prestava bem atenção
e ficando admirado,
fez esta enterrogação:
ceguinho tudo escutei
e curioso fiquei,
queira responder a mim
no que você está pensando
que mesmo nada arranjando
está tão alegre assim?

AQUI TEM COISA

O cego com humildade
disse sorrindo outra vez
penso na dez igualdade
neste mundo que Deus fez,
Deus com sua força imensa
em tudo fez diferença
entre as coisas naturais,
até os próprios irmãos
e os dedos de nossas mãos
ainda não são iguais

Eu ontem neste lugar
muito pude adquirir
vinham mesmo me entregar
sem eu precizar pedir,
tanta sorte eu encontrei
que até carne eu arranjei,
coisa que a tempo eu não via
fui muito bem protegido
e cheguei bem prevenido
lá na minha moradia

E hoje no mesmo lugar
pedindo por compaixão,
só ouço aqui me chegar
perdoi, perdoi e perdão
por isto eu fico sorrindo
com atenção reflitindo
a grande dezigualdade
quem tem Deus no pensamento
encontra divertimento
até na dificuldade

Disse o ricasso, obrigado
por seu esclarecimento,
estou imprecionado
com o seu comportamento,
tenho loja, tenho venda,
tenho mais uma fazenda,
mas veja como é que eu sou,
eja que coisa horroroza,
minha vaca mais famosa
veio um ladrão e robou

Meus vaqueiros procuraram
está completando um mês
mas noticia não encontraram
da minha famosa reiz,
eu fiquei preocupado
e até já tenho passado
várias noites sem dormir
me julgando um infeliz
nesta hora Zé Luis
disse contente a sorrir

Cidadão vá descupando
não vá pensar que este rizo
sou eu mangando ou zombando
do seu grande prejuizo
é que sem vista estou vendo
estou vendo e entendendo
sua compreenssão fraca,
de tanta riqueza é dono
e perdes noites de sono
porque perdeu uma vaca

AQUI TEM COISA

Eu vou dizer a certeza
sobre os possuidos seus,
o senhor possui riqueza
mas está faltando Deus
quem ama Deus de verdade
a divina magestade,
o senhor da criação
nosso pai onipotente,
todo tempo está contente,
não tem preocupação

Diminua a sua cruz,
sua contrariedade,
com as graças de Jesus
achará felicidade,
isto eu digo, juro e sei
na vida nunca pensei
em loja dinheiro e gado,
mas nimguém é mais feliz
do que o cego Zé Luis
este seu menor criado

Escutava o fazendeiro
se sentindo muito bem,
ele que do seu dinheiro
não dava esmola a nimguém,
estava tão comovido
comovido e convertido,
com tudo quanto escutou,
que satisfeito e gentil
uma nota de cem mil
nas mãos do cego entregou

Lhe entregou e foi dizendo,
nesta hora abençoada
eu quero ficar sabendo
onde é a sua morada,
onde é que você habita
vou fazer-lhe uma visita
quero ser conhecedor,
conheço e não me confundo
da escola melhor do mundo
você é meu professor

Depois que deu um abraço
no cego Zé Luis
saiu aquele ricasso
se sentindo bem feliz,
e de coração tranqüilo
recordando tudo aquilo
que com ele aconteceu,
dizia com seus botões
eu vou seguir as lições
que aquele cego me deu

Ele que nunca enchergou,
sabe vê o que é verdade
foi ele quem me ensinou
a santa felicidade,
por isto um plano já fiz
de ajudar a Zé Luis,
se ele muito tem sofrido
vai melhorar desta vez
quem fez o que ele já fez
merece ser protegido

AQUI TEM COISA

Foi lá na periferia
e grande loja instalou
cheia de mercadoria
e a Zé Luis entregou
dizendo: amigo receba
e quero que me perceba,
isto muito me consola
porque de hoje em diante
você é negociante,
não vai mais pedir esmola

Não haverá impecílio
tudo pode resolver,
a sua esposa e seu filho
lhe ajudarão a vender,
e como prova de amigo
não faltará mais artigo
na sua propriedade
com isto que estou falando
eu estou recompensando
a minha felicidade

O cego em nome de Cristo
agradeceu a bondade
porque nunca tinha visto
tanta generosidade
na sua merciaria
dava esmola a quem pedia,
enricou bastante breve
com aquele belo plano,
bem certo o Pai Suberano
por linhas tortas escreve

PERGUNTA DE UM ANALFABETO

Sou um matuto dereito,
trato a todos com respeito,
mas tenho um grande defeito,
eu num aprendi a lê,
e por isto mesmo agora
eu vou contá uma historia
que tá na minha mimora
e uma pregunta fazê

Eu nasci na iguinorança,
no meu tempo de criança
não tive nem esperança
de uma carta de ABC,
pra este lado eu sou mudo,
mas porém quem teve istudo
com certeza sabe tudo
e pode me responder

Eu cunhecí um coitado
do juízo baruiado
que andava sempre tardado
pelas rua a discursá,
desta forma noite e dia
o pobre lôco vivia
e onde chegàva dizia
que era um grande militá

Falava cronta quem erra
crenta questão, cronta guerra
e que um dia sobre a terra
vinha um fogo abrazadô
e a Besta Fera corria
na mais doida istripulia
e um siná preto fazia
na cara dos pecadô

Falava de pinitença
de pecado e de sentença
e com munta reverênça
mandava o povo rezá,
desta manêra falando
a todos aconseiando,
as vez findava chorando
e outras vez a gargaiá

Aquele pobre doente
divirtia munta gente,
muntos dava de presente
farda pra ele vistí,
não dava por caridade,
era a curiosidade,
era o desejo e a vontade
de seus disparate uví

Eu vendo esta criatura;
dismiolada figura,
dizendo tanta lôcura
naquele triste pená,
de conciênça eu pensava
que munto mais lôco tava
aquele que gargaiava
uvindo o lôco falá

Aquele pobre coitado
tinha momento afobado
oiando dizisperado
para frente e para tráz
e um grande esforço fazendo,
com os dois purso tremendo
gesticulava dizendo:
vai te embora, Satanáz!

Porém quando miorava
já de outro assunto tratava
e para o povo falava
de um poder superiô,
com um jesto de alegria
falava da monarquia
e intusiasmado dizia:
viva o nosso Imperadô!

Tudo aquilo eu tava vendo,
via o seu corpo sofrendo
e sei que o lôco morrendo
sua arma do corpo sai,
mas o que eu quero sabê,
pregunto a quem sabe lê:
depois do lôco morrê,
pra onde a sua arma vai?

Seu dotô das livraria,
que tem na sabedoria
diproma de teologia,
faça o favô de dizê,
responda, seu dotô nobre
que tudo sabe e descobre,
com a arma deste pobre
o que vai acontecê?

AQUI TEM COISA

Ele, que sem conciênça,
viveu sempre em dizavença
cumprindo grande sentença
mais pió do que um réu,
será que também o isprit
sai do corpo todo afrito
e vai batê no infinito,
mexê nas coisa do céu?

Será que aquela pobre arma
que impaciênte se alarma
sem tê sucego nem carma,
fica a vagar por aqui?
ou será que o onipotente
com o seu poder cremente
tem um lugar deferente
pra a arma do lôco í?

O senhô que tem fartura
de ciênça nas leitura
e mexe nas iscritura,
quêra agora respondê,
me dicifre esta charada
que pra mim é inrrascada
e não pode sabê nada
quem nunca aprendeu a lê.

PITÚ NA SEGUNDA VIDA DOS CACHORROS

Pitú, cachorrinho anão
Mimozo e cheio de graça
Foi morto pelo Barão
Grande cachorro de raça,
Mas depois de sua morte
Ele teve boa sorte
E lá na segunda vida
Em sinal de gratidão
Escreveu para o Barão
Esta carta comovida:

Meu caro amigo Barão,
Aí vai esta cartinha
Para dar-lhe explicação
Como é boa a vida minha,
Aqui na segunda vida
Toda sorte de comida
Qualquer um cachorro ver,
Eu vivo muito ditozo
E estou batante ancioso
Esperando por você

Eu vivo bem socegado
Aqui na segunda vida
Porque não falta empregado
Pra fazer nossa comida,
Aqueles milionários
Que oprimiram operários
Com seu instinto feroz,
Por causa de seus pecados
Estão aqui empregados
Trabalhando para nós

Os desalmados patrões
Que tratavam com rigor
Aumentando as privações
Do pobre trabalhador,
Aqueles que já morreram
O perdão não receberam,
Não mereceram socorro,
Ficaram abandonados
E foram centenciados
Pra cuidarem de cachorros

Estes monstros condenados
Vivem danados de fome,
Cruelmente flagelados,
Porque nenhum deles comem
Da nossa grande fartura
Carne, limguiça, gordura
E tanta comida fina,
Com a centença horroroza
Comem a pura baboza
E casca de quina quina

Barão, eu não vivo a toa
Vivo constante a dormir,
A minha vida é tão boa
Que eu não precizo latir,
Hoje muito prazenteiro
Pedí há um feiticeiro
Que fizesse um trimchimchim
Pra cachorrada da Serra,
Aí desta pobre terra
Vir para perto de mim

Esta Serra aí não presta,
O sofrimento é precário,
Pra cozinhar nossa festa
Aqui não falta operário,
A cachorrada esperando,
Muitos estão trabalhando,
Hoje mesmo um cozinheiro
Preparou um belo frito
Pra você que é o mais bonito
E é o que vai chegar primeiro

Você, por ser mais valente,
Tem o primeiro lugar,
Vem mais depressa na frente
E os outros vem devagar,
Vern chegando de um em um
Para a fartura comum,
Hoje um mestre preparou
Um doce de mocotó
Pra Maceió e Giló
De Pedrim de Mariô

Os dois cachorros de Chagas
Sei que brevemente vem,
Pois de cacetes ou de pragas
Eles vão morrer também,
E para o cão de Raimundo,
O doce miIhor do mundo
Faz tempo que está guardado,
Pois este jagunço aí
Pra poder chegar aqui
Tem que morrer enforcado

Cachorro aqui passa bem
E come do que lhe agrada,
Para os dois de Afonso tem
Um tubo de panelada,
E o cachorro de Narciza
Por ser o que mais preciza
Vai criar força e coragem,
Chegando nesta fartura
De carne, queijo e gordura,
Nunca mais come lavagem

Barão, meu prezado amigo,
Para cumprir meu dever,
O que você fez comigo
Eu precizo agradecer,
Em paga deste favor,
Pra você tem cobertor,
Cama e macio colchão
Traviceiro de viludo,
Pra você aqui tem tudo
Barão do meu coração

O que bem sabe julgar,
Logo que observa ver
Que isto aí não é lugar
Para um cão como você,
Nesta Serra de Santana
Comendo toda semana
Macumzá, feijão e angú,
Prepare o seu apetite
E aceite o belo convite
Do seu amigo Pitú

Ai Barão, Barão, Barão,
Barão do meu coração
Venha lamber o fucinho
Do mimozo Pituzinho.

Versos espalhafatosos

Se a espora tem rozêta,
com certeza tem prefume,
nunca faltou mancha preta
na lampa do vagalume,
brinco em ureia de gia
tem beleza e simpatia,
vivo é o mesmo finado
e largo é o mesmo istreito,
dotô formado em dereito
gosta de negoço errado

No tempo que eu estudava
fui minino intiligente,
todo dia eu sempre tava
na cimitria da frente
escriví no meu treslado
que o mais mió dos pecados
foi inventado por Eva,
tudo isto eu aprendí,
mais de trinta ano eu lí
no livro de Ginuveva

Jesus me mande um castigo
se eu perder minha sustança
toda palavra que eu digo
dá no fié da balança,
eu já discubrí que o sapo
quando tá batendo o papo
a todo mundo revela
sua corage de sobra,
ele tá chamando a cobra
pra entrar na boca dela

Na base do português
não vejo quem me reprove
sarampo só dá dez vez
e papêra desenove,
verdade vira mentira
e a orige da traíra
é a mesma do cururu,
prumode não causá risco
São Pedro só faz curisco
de chifre de boi Zebu

Margarida minha irmã
derne o tempo que era nova
só prantava mucunã
de dez caroço na cova
e o meu irmão Juvená
vivia sempre a brinca
fazendo istôpa de cêra,
tudo o moleque inventava,
muntas vez até botava
camgaia em caramguegêra

O finado meu avô
gostava de assombração
foi o maió caçadô
das terra do meu sertão,
com sua grande corage
nunca temeu a vizage,
rapapé nem fuzuê,
trôche até de uma caçada
uma caipora amarrada
pra sua famia vê

AQUI TEM COISA

Ciênça não ixistia
no tempo de Salomão,
a aranha só ticia
caminhando pelo chão
e o pessoá da cidade
morria tudo de Aidi,
nas terra de Canaã
sapo boi incabelava,
naquele tempo até dava
carrapato em crumatã

Ciênça é uma bobage,
não causa admiração,
eu nunca achei ser vantage
se fazê um avião,
eu vejo com mais respeito
o que fazia um sujeito
parente de Seu Elóia
chamado Joaquim Ferreira,
que passou a vida intera
incabestrando gibóia

Minha vingança

O povo não ingnora
que da justiça sou fã,
quem me faz um mal agora
paga dobrado amenhã,
fala um ditado no mundo
com um sintido profundo:
quem espera sempre alcança,
com esta filosofia
esperei até que um dia
chegou a minha vingança

Barbaia, moça bacana
que de beleza parpita
cóm sua rôpa bonita
feita de paia de cana,
é a terra de Santo Antonho,
o seu belo patrimonho
eu conheço munto bem
e vou falá neste instante
de uma das coisa importante
que a lindra Barbaia tem

A usina açucarêra
que em Barbaia apareceu,
foi a coisa arviçarêra
que munto prazer me deu,
taliquá a fera tirana
rosnando, engolindo cana
trinta dia em cada mês,
faz o maió arruido
e eu tô munto agradecido
de um favor que ela me fez

AQUI TEM COISA

Eu nunca falei atôa,
sempre conciênte fui,
uma das coisa mais boa
que aquela terra pissui
é a usina de açucar,
tem uma força maluca,
nimguém tira o seu valor
e a toda aquela ingrenage
eu faço a minha homenage
pruque lhe devo um favor

Logo no premero dia
que pegou a trabaiá,
eu com bastante alegria
comerei a mim vingar
do ingém de ferro tão mal
que matou o ingém de pau
do folclore bela prenda,
hoje ainda em meus ouvido
escuto o lindro ringido
da cantiga das moenda

Esta usina o monstro horrendo
que o céu de fumaça cobre,
mesmo que teja fazendo
atrazo para argum pobre,
eu tou bastante obrigado,
do ingém de ferro marvado
que ao ingém de pau deu fim
a fama já se acabou,
se desgraçou e se lascou
pagando o que fez a mim

Usina, eu tou munto grato
com você no Cariri,
eu gostei do espalhafato
que você fez por aí,
já oiei seu movimento
e cá no meu jurgamento
eu vou lhe dá doze grau,
você com sua sustança
já fez por mim a vingança
do finado ingém de pau

Oia lá, ingém de ferro,
chegou também o seu dia,
onde é que tá o seu berro?
cadê a sua inérgia?
onde é que tá seu motô,
com aquele pôpôpô
cheio de orguio e brasão?
ingém de pau já morreu
porém você recebeu
a lei da compensação

Você mandou e gunvernou
as cana que aí nascia,
mas quando a usina chegou
com toda a sua ingrisia
e o seu movimento brabo,
aivosa meteu-lhe o diabo
e você ficou parado,
veja bem, monstro assarcino,
como é triste o seu distino,
tá pagando o seu pecado

AQUI TEM COISA

Ingém de ferro, cunheça,
quem corre também esparra,
tenha injura e não se esqueça
que das prossante manjarra
você ispurçou os boi,
o ingém de pau já se foi
porém você também vai,
e nimguém tem compaixão,
bem diz um veio rifrão
lá um dia a casa cai

Perfume de gambá

Bom dia muito bom dia
Faz tempo que eu não lhe via
Minha amiguinha gambá,
Você vem toda cherôsa,
Mas parece desgostosa,
O que aconteceu por lá?

Minha amiga o nosso chêro
Foi nosso Deus verdadeiro
Que com ele nos dotou,
É riqueza naturá,
Somo obrigada a cherá
Mesmo partida de dô

Foi de Deus que recebemo,
Perfumada nós vivemo
Prevenida a todo istante
Para um efeito quarqué
E ao mesmo tempo ele é
Perfume e desodorante

Minha amiga o nosso chêro
É o mió do mundo intero
Digo e afirmo porque posso,
É premêro sem segundo,
Não já perfume no mundo
Mais mió do que o nosso

Sobre o meu ar de tristeza
Que até lhe causa surpresa,
Lhe conto o que se passou,
Tive uma sorte mesquinha
Ganhei quatro gambazinha
Porém só uma escapou

Tava perto de chega
Meu dia de descansá,
Veja bem, querida amiga,
Com grande alegria minha
Eu já sentia as bichinha
Mexê na minha barriga

Mas porém tando com fome
Entrei na roça de um home,
Pois quando com fome eu to
Em quarqué lugá eu entro
Quando eu cuidei tava dentro
De um cantêro de fulô

Recendença, cravo e rosa
E outras fulô catingosa
Foi causa do meu asá,
Com a catinga danada
Eu fiquei embriagada
Vomitei pra me acabá

Com o meu estado incrive
E o meu sofrimento horrive
Das podridão das fulô,
As coitada adoecêro
Ainda viva nascêro
Porém só uma escapou

Eu chorei, chorei, chorei
E em vez de quatro fiquei
Com uma só gambazinha,
Vai breve se batizá
E para prazê me dá
Você vai sê a madrinha

— Pois não! com muito prazer,
Sendo assim vejo crescê
A nossa véia amizade,
É um negoça importante
E dagora por diante
Já vou lhe chamá cumade

— Você tem toda razão,
Porém me preste atenção
É precizo tê coidado
Quando fô sê a madrinha,
Daqui pra minha casinha
Tem um perigo danado

Desça de ladeira a baxo,
Quando chegá no riacho
Perto de uma grande orta
Tem cravo e tem bugarí
E a fedentina dali
Nem o satanaz suporta

— Comade dêxe comigo
Não vou caí no perigo
Conheço bem a ladêra,
Conheço o caminho certo
E não passo nem por perto
Daquela grande sugêra

AQUI TEM COISA

Vamo combiná o dia
Que eu vou com muita alegria
Sua fia amadrinhá
A sua casinha arrume,
Mas não mêxa em seu perfume
Deixe que eu vou prefumá.

Justiça de Zé Caçadô

Seu moço teve a gulora
De istudá e falá correto,
Mas vai uví uma historia
De um cabôco nalfabeto
Diga com certeza pura
Eu não tenha na leitura
Nem mesmo a capacidade
De iscrevê um indereço
Mas graças a Deus cunheço
O que é justiça e verdade

Deus quando fez este mundo
Com o seu amô comum
E o seu sabê portundo
Deu juízo a cada um,
Deu juízo e conciênça,
Com esta santa ciênça,
E este milagre sem fim,
Cada quá tem o seu dom
De vê o caminho bom
E vê o caminho rim

Eu tenho pensado munto
Com paciênça de jó,
Que em todo e qualquer assunto
A verdade é uma só,
Mesmo quem não tem leitura
Conhece a verdade pura
Pois ela é bem declarada
Nimguém vai fazê iscôia
Remexendo lá nas fôia
Das iscritura sagrada

A justiça e a verdade é obra
É obra do criadô
Não preciza farcudade
Nem Iição de professo
Deus com seu pudê divino
Criou o raciocínio
Dentro da nossa caixola
Pertence a Santa Trindade,
Amô e fraternidade
Não se aprende nas iscola

Nesta grande humanidade
Derne o mais saibo ao mais rude,
O que tá com a verdade
Tá com todas as virtude
E o que tá com a mentira
Matrata, fere e conspira,
Provoca a morte e o asá
Faz o maió fuzuê
Mais tarde o moço vai vê
Onde é que eu quero chegá

Este mundo é sempre assim,
Eu digo, vejo e dou fé,
Aquele que quer sê rim
Não é bom porque não quer,
Com o seu instinto mal
Istuda o mais alto grau
Porém só muda a Iinguage,
Quanto mais coisa ele aprende
Mais a injustiça rende
No mundo da safadage

Pra dá uma prova sera
O meu pensamento pode
Que eu lhe relate quem era
O coroné Mané Guede
Para o sinhô conhecê,
Porém ante de dize
Como era a brabaridade
Deste lôbo carnicêro
Eu quero falá premêro
Sobre a minha dentidade

Meu pai na pia sagrada
Por José me batizou,
Mas por gostá de caçada
Me chamam Zê Caçado
Caço de noite e de dia
Sou mestre na pontaria,
Na vida o que me domina
E no meu coração toca
É minha muié Maroca
E a minha lazarina

A premêra peça fina
É minha muíé querida
E a segunda a lazarina
Que ajuda na minha vida,
Da baixa até na chapada
Eu nunca perdi caçada,
Pra eu e minha muié
Não compro carne a machante,
De caça eu tenho bastante
Pra comê quando quizé

O sinhô já tá ciente
Sobre a minha dentidade,
Agora é que eu vou pra frente
Falá de prevecidade
O coroné Mané Guede
Era deste que não pede
Lição a quem tem mardade,
O ricaço fazendêro
Se era grande no dinhêro
Era maió na rindade

A pessoa isperiente
Que reparace o seu jesto
Via que tava na frente
De um sujeito desonesto,
Gostava de conversa
Sem iscrupo e sem mora
Com a sua moda feia
O coroné ê.trivido
Era gaiato e inchirido,
Doido por muié aiêia

Desta manêra vivia
Esta fera carnicêra
Fazendo o que bem queria
Derne o sertão a rebêra,
Veja bem como era o jeito
Do sujeito sem respeito
Conquistadô atrivido
Quando cantava muié,
Se você não me quizé,
Mando matá seu marido

Seu moço que teve istudo
Lhe digo e fique ciente
Quando eu via aquilo tudo
De raiva ringia os dente,
Eu sintia mesmo um nó
Inchando aqui no gogó
E ficava a maginá
Comigo mesmo pensando,
Este bruto tá caçando
Sarna mode se coçá

Se mexê no meu terrêro
Um bom charope ele toma,
Não respeito seu dinhêro
Nem respeito o seu diproma,
Sempre eu dizia comigo
Eu nunca timí pirigo,
Juro em nome de Jesus
Que se ele cantá Maroca
Vai vê o diabo de coca
Tocando rabeca em cruz

Parece que o diabo atenta
E ajuda ao seu companhêro,
Um dia a fera sangrenta
Passou lá no meu terrêro
Como quem toma chegada
Ia seguindo na istrada
Andando bem divagá,
E oi lá as duas pipoca
Dos óio oiando Maroca
No jeitão de conquistá

Maroca disse: Zezinho,
O que é rim sempre sucede,
Passou ali no caminho
O coroné Mané Guede,
Eu tando da porta oiando,
Reparando e dicifrando,
Conheci que tava assim
O marvado coroné
Como quem não qué mais qué
Butando os óio pra mim

Eu mudei de natureza
E fui dizendo, meu bem,
Pode ficá na certeza
Que o coroné inda vem,
Oiou nossa rizidênça
Foi fazendo isperiênça,
Mas digo e posso jura
Como aquele iscumugado
Se larga de seus cuidado
E vem aqui lí cantá

Maroca, eu vou lhe dizê
E sei que você concorda,
Se ele aqui aparicê
Vecê alegre dê corda,
Faça até que tá sabendo
O que é que ele tá querendo,
A muié nova e bonita
Querendo fazê trapaça
Fala com jeito e com graça
Que qualquer home acredita

Você é nova e bacana
Quando o coroné chegá,
Pode batê as pestana
Como quem quer namorá,
Procure jeito com jeito
Para inganá o sujeito,
Arme a sua ratoêra
Como quem quer pegá rato
E faça com ele um trato
Pra noite da sexta fêra

Seu moço foi dito e feito,
Tem graça que tráz disgraça
Certo dia eu satisfeito
Quando vortava da caça
Na minha casa chegando
Maroca foi me abraçando
Munto contente a falá,
Perparei a ratoêra,
Na noite de sexta fêra
Vai truvejá e curiscá

Agóra tamo feliz,
Vai morrê o coroné,
A imbruiada que eu fiz
Não ê pra qualquer muié,
O mundo tem cada uma
Que a gente não se acustuma
Zezinho, aquele elemento
Me deu tão grande cantada
Que eu fiquei adimirada
Do seu grande atrivimento

AQUI TEM COISA

Eu tava toda manhoza
Incostada em nossa porta
Como a muié corajoza
Que tudo que é rim suporta
Quando o cara foi chegando
E de mim se aproximando
Munto contente falou
Com gaximônho e fofoca,
Bom dia dona Maroca,
Cadê seu Zé Caçadô?

Eu disse: Coroné veja,
Zezinho foi pra caçada,
Porém diga o que deseja
Da sua menor criada,
Desta forma eu respondendo,
O monstro disse tremendo
De safadêza e paxão,
O povo todo acredita
Que a senhora é a mais bonita
Das muié deste sertão

E como com gentileza.
Me perguntou o que eu quero,
Eu vou uzá de franqueza,
Pois eu sou munto sincero
Sua pergunta eu respondo
E a verdade eu não iscondo.
Lhe digo na mesma hora
Com munta sinceridade,
Eu tenho a maió vontade
De drumí com a senhora

Alegre eu fui respondendo,
Agora mesmo não posso
Porém o sinhô querendo
A gente faz um negoço,
Um trato pra sexta fera
Combinata verdadêra
Das nove para as dez hora,
Para não havê aza
Zezinho vai viajá
Passá dois dia por fora

Ele ficou transformado
De xugestão e alegria,
Ficou de forgo apressado
Chega a camiza trimia
E de mim se dispidindo
Vortou alegre sirrindo
E eu fiquei dizendo assim:
A noite vai sê de arromba,
Eu já perparei a bomba,
Só tá fartando o istupim

Zezinho, dei seu recado
Como você me ensinou
E omentei mais uns babado,
Que você não se lembrou,
A ratoêra tá pronta,
Agora é por sua conta,
Sempre uví você dizê
Que atira com munta arte,
Eu já fiz a minha parte,
O restinho é com você

Meu prazê foi tanto e tanto
Que eu bejando a sua face
Fiquei pedindo ao meu Santo
Que a sexta fêra chegasse,
No nosso mundo o sujeito
Que"não sabe andá dereito
Sempre incontra o que não qué,
Depois da noite de sexta
Aquele malandro besta
Nunca mais canta muié

Maroca, aqui você fica
E eu vou pru pé da ladêra,
Aquela grossa oiticica
Vai me sirví de trinchêra,
Eu confio em Deus e juro
Que o tiro vai sê siguro
A lazarina não faia
Não vou a ele de peito
Cabra rim daquele jeito
Só se mata de tucaia

A noite da sexta tava
Do jeitinho que eu queria,
A lua no céu briava
Parecendo a luz do dia
E eu comigo maginando,
A lua tá me ajudando,
Se fiz a minha premessa,
Quero que tudo aconteça
Vou atirá na cabeça
Que é pra morrê mais depressa

Não sai do meu pensamento
Aquilo que se passou
Naquele feliz momento
Quando o tiro detonou
Na cabeça do bandido,
Logo o eco do istampido
Munto longe respondeu,
Sei que aquilo é abstrato,
Mas conto e sei que é exato,
O eco disse: morreu!!!

Eu nunca atirei atôa,
A causa foi resurvida,
Foi uma das coisa boa
Que passei na minha vida,
Foi uma alegre surpreza
E quando tive certeza
Da morte do sem vregonha
Disse com voz terna e fina
Obrigado! lazarina,
Beijei o cano e a coronha

Quando pra casa vortei
Fui dizendo pra Maroca,
A tarefa treminei
Tirei a onça da toca
Já tá tudo rezurvido
E por este acontecido
Lhe fico munto obrigado,
Obrigado, meu amô,
Foi você quem ajudou
Na morte deste.danado

Seu moço teve a gulora
De istudá e falá correto
Porém iscutou a histora
De um cabôco nalfabeto,
Foi lá no pé da ladêra
Na noite de sexta fera
Que o vivo virou difunto
E o Coroné Mané Guede
Foi como quem se disped
Pra cidade de pé junto

O conquistadô morreu
Do jeito que morre um boi,
Quando a notiça correu
Nimguém perguntou quem foi,
Nem a famialigou,
Com certeza até gostou
Mode ficá com os bem,
Esta vida é sempre assim,
Famia de cabra rim
Não tem amô a nimguém

Agora eu tô sucegado,
Fiz um papé importante
E sei que não é pecado
Defendê seu simiante,
Todos fôro vivê bem
E eu fiquei de parabem,
Com a minha pontaria
Fui um amigo de fé,
Defendi muntas muié
E muntos pai de famia

Eu sou o Zé Caçadô,
Eu nunca timi pirigo
Neste mundo inganadô
Sempre fui um grande amigo
Da justiça e da verdade,
Digo com sinceridade
E sei que o moço combina,
Pra quem muié não respeita
A justiça mais bem feita
É tiro de lazarina.

AO MEU AFILHADO CAINÃ

Você, criança querida,
Está na aurora da vida,
É linda a sua manhã,
Tudo é paz, amor e rizo,
Seu mundo é um Paraízo,
Meu afilhado Cainã

Desejo que você cresça,
Com saúde permaneça
E estude de mais a mais,
Você Cainã Cavalcante
Será o futuro brilhante
De seus amorozos pais

Nunca deixe de estudar,
Pois o aluno exemplar
Pelo bom caminho vai,
Você é a própria vida
De Telma a mamãe querida
E de Ronaldo o papai

É por meio da leitura
Que poderá a criatura
Na vida desenvolver,
O livro é o companheiro
Mais fiel e verdadeiro
Que nos ajuda vencer

Quero que você perceba
E ao mesmo tempo receba
Cheio de esperança e fé,
Amor afeto e carinho
Deste seu velho padrinho
Patativa do Assaré.

ADVERTE-SE AOS CURIOSOS QUE SE IMPRIMIU ESTA
OBRA EM NOSSAS OFICINAS, NA CIDADE DE SÃO PAULO,
NO MÊS DE FEVEREIRO DO ANO DOIS MIL E DOZE,
COMPOSTA EM TIPOLOGIA WALBAUM MT, SOBRE PAPEL
OFF-SET SETENTA E CINCO GRAMAS.